Michael Sturm

Fallschirm-Trading

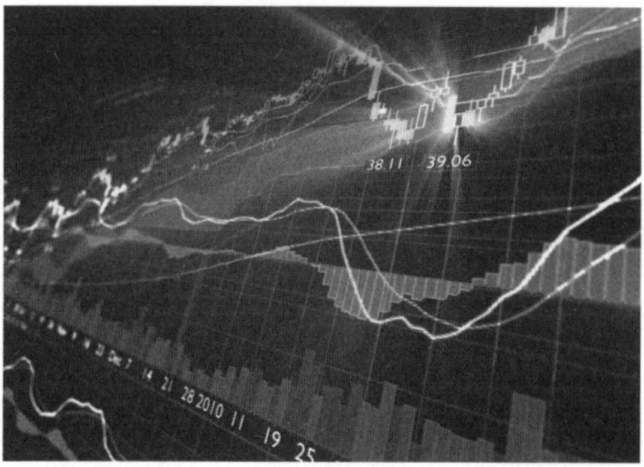

GEWINNEN IN JEDER MARKTLAGE
CHANCEN-INVESTOR
SEIT 2008
GEWINNEN IN JEDER MARKTLAGE

Michael Sturm

Fallschirm-Trading

Die Profi-Strategie für außergewöhnliche Gewinne

GeVestor
Scharfsicht zahlt sich aus.

Bibliografische Information der Deutschen Bibliothek
Die Deutsche Bibliothek verzeichnet diese Publikation
in der Deutschen Nationalbibliografie;
detaillierte bibliografische Daten sind im Internet
über http://dnb.ddb.de abrufbar

Impressum

GeVestor Financial Publishing Group
Theodor-Heuss-Straße 2–4
53177 Bonn
Telefon +49 228 8205-0
Telefax +49 228 3696480
info@gevestor.de
www.gevestor.de

Chefredakteur: Michael Sturm (V.i.S.d.P.)
Satz: ce redaktionsbüro für digitales publizieren, Heinsberg
Umschlagabbildung: Henrik5000@istockphoto
Druck: Beltz Bad Langensalza GmbH, Bad Langensalza

4., überarbeitete Auflage
ISBN: 978-3-8125-1855-0

Kunden-Service: Für alle Fragen und Mitteilungen, die
Ihren Bezug des Chancen-Investors betreffen, stehen Ihnen die
Mitarbeiter unseres Kunden-Service unter der Telefonnummer
0228/9950185 gern zur Verfügung.

GeVestor ist ein Unternehmensbereich der
Verlag für die Deutsche Wirtschaft AG
Vorstand: Helmut Graf, Guido Ems · USt.-ID: DE 812639372
Amtsgericht Bonn, HRB 8165

Inhalt

Einleitung

Liebe Leserin, lieber Leser!

Sie haben die richtige Wahl getroffen: Mit dem Chancen-Investor und seiner einzigartigen Fallschirm-Strategie haben Sie ein Instrument in der Hand, mit dem Sie Ihren Anlageerfolg an der Börse gezielt optimieren können.

Michael Sturm
Chefredakteur
Chancen-Investor

Die folgenden Seiten sollen Ihnen als Leitfaden für die kommenden Empfehlungen dienen. Ich halte sie für sehr wichtig, denn die Tradingchancen, die in Zukunft auf Ihrem Schreibtisch landen, können es in sich haben. Und was nützen die besten Chancen, wenn man sie nicht umsetzen kann?

Machen Sie sich dabei bitte klar, dass gerade in der gegenwärtigen Lage an den Wertpapiermärkten besondere Umsicht erforderlich ist und dass sämtliche auch in diesem Dienst ausgesprochenen Empfehlungen nicht nur mit Chancen, sondern eben auch mit Risiken verbunden sind.

Nutzen Sie die Empfehlungen des Chancen-Investors

Diese Risiken nun so gering wie möglich zu halten und durch schlaue Trades mittel- und langfristig Vermögen aufzubauen ist das Ziel des Chancen-Investors. Die Eilmitteilungen ermöglichen es Ihnen, Ihre Anlagechancen zu erhöhen und Ihre Verlustrisiken systematisch zu begrenzen. Dies gelingt mithilfe klar definierter und in jeder Empfehlung ausdrücklich genannter Kursziele, Limitbandbreiten und der Angabe des Börsenplatzes.

Die Bilanz des Chancen-Investors: +165,41% trotz zweier Mega-Crashs

Die Leser des Chancen-Investors konnten in den vergangenen 6½ Jahren ihr eingesetztes Kapital über Plan vermehren.

Von über 140 Empfehlungen konnten bei satten 104 deutlich zweistellige prozentuale Gewinne eingesackt werden. Die einzeln aufsummierte Performance beträgt riesige +7.132,42%. Im Schnitt wurden pro Empfehlung +23,42% verdient.

Und das ist „nur" die Performance des Gesamtdepots bei teilweise sehr hohen Liquiditätsbeständen.

Die ersten Schritte

Auf den folgenden Seiten werden Sie nun Schritt für Schritt an die Umsetzung unserer Signale herangeführt. Wenn am Ende noch Fragen offen sein sollten, scheuen Sie sich bitte nicht, nachzuhaken.

Schicken Sie Ihre Frage an **redaktion@chancen-investor.de** und ich antworte Ihnen umgehend. Der persönliche Kontakt zu Ihnen ist mir sehr wichtig. Gerne rufe ich Sie auch zurück, um Ihnen mit Rat und Tat zur Seite zu stehen.

Ich freue mich schon auf gemeinsame erfolgreiche Trades!

Ihr Michael Sturm

Chefanalyst
Chancen-Investor

Die Strategie

Meine Strategie ist „Handeln ohne Grenzen". Das heißt, dass ich mich auf nichts beschränken, sondern für Sie in allen Märkten die Augen aufhalten werde. Es geht um das Ausnutzen von Chancen. Im Klartext heißt das: Ob rauf oder runter, ob Öl oder Gold oder Aktien oder Euro – ich handele in jedem Segment mit.

Die Idee ist, Bewegungen von Underlyings aller Art, ob Aktien, Indizes, Rohstoffe wie Öl, Gold oder Silber bzw. Währungen, zu erkennen und in ein profitables Investment zu verwandeln. Dabei sind dem Underlying keine Grenzen aufgezeigt und dem Investment ebenfalls nicht.

Es gibt nur eine Bedingung: eine qualifizierte Bewegung möglichst chancenreich und clever auszunutzen. Kein Harakiri und auch kein Schlafwageninvestment. Die goldene Mitte eben.

Dazu gehört bei mir neben einem sehr arbeitsintensiven Beobachtungs- und Selektionsprozess eine disziplinierte erfolgreiche Handelsstrategie. Ausgewogen und diszipliniert zum Ziel: einem zweistelligen Profit. Jahr für Jahr, immer wieder.

Der Ablauf

Wenn sich nach meiner Analyse eine gute Möglichkeit in einem Segment bietet, erhalten Sie sofort eine E-Mail und SMS mit einer Eilmitteilung. In dieser erhalten Sie eine konkrete Empfehlung, die Sie sofort umsetzen können. Sie rufen Ihren Broker an und geben den Ordertext in der Eilmitteilung sowie die gewünschte Stückzahl durch bzw. geben die Daten in die Ordermaske Ihres Online-Brokers ein. Fertig!

Für Empfehlungen im Optionsbereich der DTB/EUREX ist keine WKN nötig. Mit einer solchen Empfehlung erhalten Sie eine Step-by-Step Anleitung für die Brokerplattformen von Brokern, bei denen Sie Optionen handeln können. Sie brauchen nur den bebilderten Klick-für-Klick-Anleitungen zu folgen. Für den richtigen Broker habe ich Ihnen in diesem Handbuch eine Übersicht (ab Seite 29) erstellt.

Wenn die Position glattgestellt – also aufgelöst – wird, erhalten Sie wieder eine E-Mail bzw. SMS mit der Glattstellungsempfehlung. Ich verfolge jede empfohlene Chance und begleite diese bis zur Glattstellung. Einmal wöchentlich, in der Regel am Mittwoch, informiere ich Sie über die bestehenden offenen Positionen und das aktuelle Portfolio. Zusätzlich erhalten Sie einen Marktüberblick und aktuelle Informationen zu den Positionen.

Qualität vor Quantität

Entscheidend ist für mich nicht die Quantität der Signale, sondern die Qualität. Es wird mit mir keinen blinden Aktionismus geben. Im Vordergrund steht der Erhalt Ihres Kapitals, denn nur so ist gewährleistet, dass Sie langfristig dabei sein können. An 2. Stelle stehen die Chancen selbst – und es gibt diese Chancen, immer, in jeder Börsenphase.

Am Ende eines Jahres soll eine Performance zu Buche stehen, die den Chancen-Investor zu Ihrem unersetzlichen Empfehlungsdienst macht!

Ziel des Chancen-Investors

Ziel ist es, mit den Empfehlungen eine weit überdurchschnittliche Jahresperformance von mehr als 30%, mindestens aber prozentual zweistellig zu erzielen. Dies ist seit 2008 außer im Crashjahr 2011 immer deutlich gelungen.

Die Zielgröße wird mit 2 Depots erzielt, die sich deutlich voneinander unterscheiden. Ich führe ein Hauptdepot, das „Fallschirm-Depot", mit ausgeklügelten Empfehlungen, die eine überhohe Sicherheit bieten bei Renditen, die im Durchschnitt bei +30% und höher liegen. Dieses Depot übersteht selbst Börsenphasen, die von großer Unsicherheit geprägt sind wie beispielsweise im 2. Quartal 2012. Hier sollten Sie auch Ihr Hauptkapital einsetzen, mit welchem Sie eine dauerhafte Vermögenssteigerung planen.

Zusätzlich führe ich ein „Extra-Chancen-Depot". Wie der Name schon sagt, streue ich hier gelegentlich Extra-Chancen ein. Diese Extra-Chancen bieten einen nach oben ungedeckelten Profit. Es sind durchaus 100% oder mehr möglich. Dem gegenüber steht naturgemäß auch ein höheres Risiko, weil hier kein Puffer wie in den Fallschirmen vorhanden ist. Wenn die Extra-Chance wider Erwarten nicht aufgeht, müssen Sie hier auch einmal damit rechnen, dass die Position mit Null ausläuft.

Individuelle Risikojustierung

Sie haben die Möglichkeit, abhängig von Ihrem Risikoprofil die Gewichtung zwischen den beiden Depots vorzunehmen. Ich rate Ihnen je nach Ihrem eigenen Risikoprofil, hier mehr oder weniger zu investieren. Mein Tipp: Das Hauptkapital gehört in das Fallschirm-Depot, „Spielgeld" in das Extra-Chancen-Depot.

Vorteil der uniglobalen Depotführung

Sie brauchen die Depots beim Broker nicht explizit zu trennen. Da hier ein Handel aller Produkte weltweit möglich ist, können Sie alles aus einer Hand mit nur einem einzigen Depot steuern. Sie setzen dann einfach je nach Gusto mal mehr oder weniger für die Extra-Chance ein.

Empfehlungsgrößen beider Depots

Im Musterdepot haben wir die Extra-Chancen mit etwa 10–20% (Mittelwert 15%) gewichtet. Wenn Sie also dieser Risikoaufteilung folgen möchten, dann handeln Sie alle Empfehlungen des Chancen-Investors 1 : 1 nach – egal, ob Fallschirm oder Extra-Chance. Die von mir an Sie versendeten Empfehlungen beinhalten immer eine auf Ihre Depotgröße umrechenbare Stückzahl gemäß dieser Risikoaufteilung. Möchten Sie die Extra-Chancen höher gewichten, verschieben Sie einfach den Multiplikationsfaktor hin zu größeren Werten bei einer Extra-Chancen-Empfehlung und zu kleineren Werten bei einer Fallschirm-Empfehlung.

Ein Beispiel: Sie möchten Extra-Chancen mit 30% gewichten. Dann kaufen Sie diese mit Faktor 2 ein. Dafür senken Sie die Fallschirmquote von 85 auf 70%. Dementsprechend lautet der Faktor (70/85) etwa 0,8. Wenn also im Musterdepot 10 Kontrakte Fallschirmposition geordert werden, kaufen Sie nur 8 Kontrakte (0,8 mal 10). Wenn 4 Kontrakte Extra-Chance geordert werden, kaufen Sie 8 Kontrakte (2 mal 4) ein.

Natürlich gehen die errechneten Kontraktanzahlen bei jedem individuellen Depot nie auf ganze Zahlen aus. Runden Sie dann je nach Ihrer persönlichen Meinung auf oder ab.

In 2015 werden die Börsen nach Meinung der überwiegenden Anzahl der Analysten und Fachleute sehr volatil verlaufen und phasenweise von Unsicherheit geprägt sein. Dennoch bin ich davon überzeugt, dass es in meinen Depots dank der ausgeklügelten Strategie auch 2015 weiterhin sehr gut laufen wird. Das Ziel jedenfalls steht fest: Auch in den kommenden Jahren wollen und werden wir den Index wieder einmal deutlich schlagen!

Für wen ist der Chancen-Investor?

Der Chancen-Investor ist der richtige Börsenbrief für jeden börseninteressierten Anleger mit dem Bestreben, Kapital dauerhaft zu vermehren. Zusätzlich empfehle ich Ihnen ein Depot bei einem Profibroker mit Kompetenz und günstigen Konditionen für die Empfehlungen im Optionsbereich und den Fallschirmen. Haben Sie keinen, so helfe ich dabei. Das ist kostenfrei und auch für Ihre Wertpapierzukunft ohne Chancen-Investor wichtig. Denn wie nie zuvor gibt es Euro-Unsicherheiten und Besicherungsängste. Das gehört dann der Vergangenheit an.

Es gab bisher hauptsächlich 2 große Börsenbriefsegmente: das konservative und auf Dauer schnell langweilige Segment und das hochrisikoreiche Segment mit vielen Totalverlusten in den Empfehlungen. Beide haben diese Generation der Anleger in den letzten Jahren schwer enttäuscht und finanziell teils stark geschädigt.

Anders dagegen der Chancen-Investor. Hier werden Sie Strategien an der Börse umsetzen, die zweistellige Renditen abwerfen, aber gleichzeitig unglaubliche Fallschirme beinhalten. Gleich mehr zu meiner außergewöhnlichen Fallschirmstrategie.

Es wird kein „Positionsschinden" geben nach der Devise: „Heute muss eine Empfehlung raus, die letzte ist bereits 14 Tage her!" Ein derartiges Traden um des Tradens willen muss über kurz oder lang zu schlechten Ergebnissen führen. Ich stehe für Qualität statt Quantität. Manchmal ist weniger eben mehr. Gleichzeitig stehe ich zu meinem Ziel: eine zweistellige Rendite jedes Jahr.

Anlagehorizont

Der Anlagehorizont ist je nach Instrument unterschiedlich lang. In der Regel sind die Investments auf einen Zeitraum von etwa 3 bis 9 Monaten ausgelegt.

Fallschirmpositionen haben einen außergewöhnlichen und bequemen Vorteil. Sie landen bei Eintreffen der Prognose automatisch im Ziel. Sie brauchen dafür nichts mehr zu unternehmen. Einmal eingekauft, lösen Sie sich am Laufzeitende ohne eine notwendige weitere Handlung mit Maximalprofit auf. Der Vorgang ist auch noch völlig kostenfrei. Bei vorzeitigem Eintreffen der Prognose-Szenarien wird die Position auch früher geschlossen.

Schauen Sie doch einfach mal in unser Portfolio, wie sich die Positionen entwickelt haben!

Die einzigartige Fallschirmstrategie

Der Fallschirm ist eine von mir entworfene Strategie mit Eurex-Optionen, bei der Sie sogar einen 2-stelligen Profit machen, wenn die zugrunde liegende Aktie oder der Index bis zu einem gewissen Grad fällt. Keine Sorge, ich führe Sie Schritt für Schritt an dieses Instrument heran.

Sie setzen dabei faktisch auf steigende Kurse, können aber im Gegensatz zu anderen Investments auch noch bei gleich bleibenden und sogar fallenden Kursen einen erstaunlich dicken zweistelligen Profit machen. Im Klartext: Selbst wenn die Marktmeinung nicht aufgeht, gewinnen Sie trotzdem! Der Gewinn ist dann gedeckelt, aber es bleibt ein satter Gewinn. Lassen Sie mich das anhand zweier Beispiele erklären:

1. Unser erster Fallschirm aus dem Crashjahr 2008

Die Strategie:

Siemens notierte bei 40,24 €. Ich war kurzfristig positiv eingestellt für eine Stabilisierung der Aktie. Aufgrund der irrationalen finanzkrisengesteuerten Börsenbewegungen konstruierte ich also einen Fallschirm, um das Risiko herauszunehmen:

Kauf eines Calls auf die Siemens-Aktie mit einem Basispreis von 28 € und einer Laufzeit bis März 2009. Preis pro Option: 14,32 €, pro Kontrakt sind das 1.432 € (1 Kontrakt ist die Mindestgröße an der Terminbörse Eurex und entspricht 100 Aktienoptionen).

Gleichzeitig: **Verkauf** eines Calls wieder auf die Siemens-Aktie, aber mit höherem Basispreis (30 €). Preis pro Option: 12,86 € bzw. 1.286 € pro Kontrakt. Damit ist die Differenz, nämlich 1,46 €/Option, der Preis, der für diesen so genannten „Vertical Bull Call Spread" zu zahlen ist. Bei jeweils 1 Kontrakt werden also 146 € bezahlt.

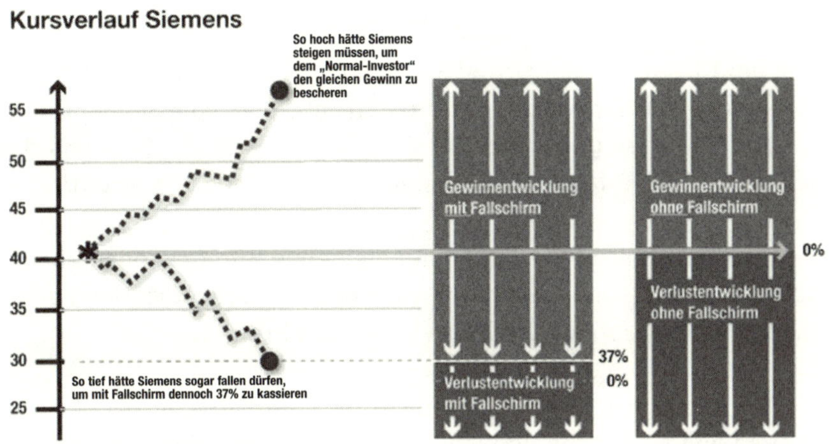

Profitschema Siemens-Fallschirm vs. Normalinvestment

Was wir investiert haben (anhand des Beispiels von 1 Kontrakt):

1 gekaufter Kontrakt 28er-Calls SIE Mrz (Siemens-Aktie, Laufzeit bis März) kostet 1.432 €

1 verkaufter Kontrakt 30er-Calls SIE Mrz bringt uns eine Gutschrift von 1.286 €

Damit haben wir für unsere Strategie 146 € bezahlt*:
1.432 € – 1.286 € = 146 €

*Die Gebühren belaufen sich je nach Brokerhaus auf etwa 1,20 bis 2,00 €/Kontrakt.

Glattstellung:

Am Ende der Laufzeit hat der 28er-Call oberhalb eines Kurses von 30 € für die Siemens-Aktie einen um 200 €/Kontrakt höheren Wert als der 30er-Call.

Das ist der Clou des Fallschirms! Sie erzielen bei der Glattstellung 200 € bezogen auf 146 € Einstandspreis pro Kontrakt, wenn die Siemens-Aktie zum Verfallstag **lediglich über 30 €** notiert. Das heißt, **Siemens darf sagenhafte 10,24 € fallen** und **dennoch** machen wir **+37% Profit**!!!

Das ist der Fallschirm: Sie setzen auf steigende Kurse, können aber im Gegensatz zu anderen Investments auch noch bei relativ stark fallenden Kursen einen erstaunlich dicken zweistelligen Profit machen!

Seit 2008 haben wir im Chancen-Investor viele Fallschirm-Positionen mit Erfolg abgeschlossen und ich werde diese Strategie auch weiterhin für Sie einsetzen.

2. weiteres Beispiel: RWE-Fallschirm (Ausgabe Nr. 76/13, eingekauft am 09.10.2013, verkauft am 11.04.2014. Profit: 33,8%

Diesen Fallschirm haben wir am 09.10.2013 ins Depot aufgenommen. Einkaufspreis waren 1,42 €/Option. Verkauft wurde er bei 1,90 €/Option. Meine Leser haben damit einen Profit von 33,8% eingesammelt, während die RWE-Aktie gerade einmal knapp ein Viertel davon vorzuweisen hat.

Diese Position ist ein weiteres Paradebeispiel dafür, dass beim Fallschirmtrading nicht zwingend bis zum Verfallstermin abgewartet werden muss, um überdurchschnittliche Profite zu erzielen. Laufzeitende wäre erst der 19.12.2014 gewesen. Die Outperformance kann auch schon viel früher einsetzen. Meine Leser konnten schon 8 Monate vorher abkassieren.

Hier die grafische Aufarbeitung des RWE-Fallschirms:

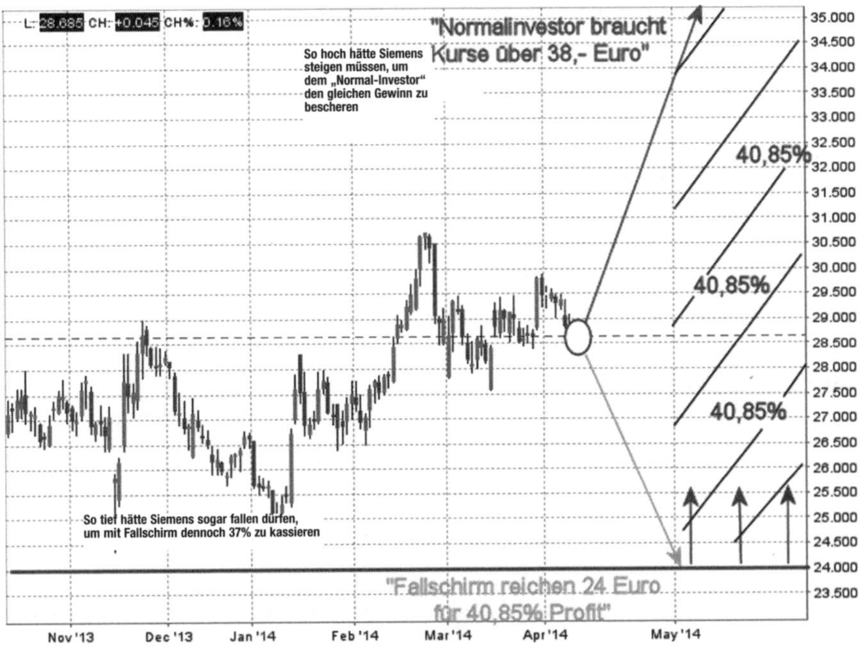

Profitvergleich Fallschirm vs. RWE-Aktienkurs

Nicht nur am Laufzeitende sind hohe Gewinne möglich

Auch weit vor dem Verfallsdatum können schon hohe Profite anfallen. Ich wiege für Sie dabei immer ab, ob es sich lohnt, die schnellen Gewinne schon mitzunehmen oder ob ein Abwarten bis zum Laufzeitende sinnvoller ist.

Bei diesem RWE-Fallschirm hatten wir nach 6 Monaten bereits einen hohen 2-stelligen Profit angesammelt. Wir haben also die Gewinne mitgenommen und Platz für neue lukrative Fallschirme geschaffen.

Übrigens: **Am Laufzeitende, dem 19.12.2014, wäre der volle Profit von 40,85% angefallen.** Dabei notierte die RWE-Aktie bei 26,23 €. Das bedeutet, ein **Aktienanleger** hätte sogar leichte **Verluste** einstecken müssen. Ein **Call-Käufer** sowie ein **Put-Käufer** hätten sogar **sehr starke Verluste** von -40% bis zum Totalverlust hinnehmen müssen. Nicht so unser **Fallschirm.** Hier fiel der volle **Profit von +40,85%** an.

Ganz zu schweigen vom Vergleich, wenn der Aktienanleger bzw. Call- oder Put-Käufer die mit dem Fallschirm erzielten +40,85% hätte erzielen wollen.

Sie sehen also, die Strategie funktioniert und ist alternativen Investments wie dem direkten Aktienkauf oder dem einfachen Call-oder Put-Kauf weit überlegen!

Fazit: Ihr Fallschirm erzielt einen Gewinn von 40,85% bereits bei Kursen weit unterhalb von 38,30 €. Die RWE-Aktie braucht lediglich über 24,00 € zu notieren (blaue Horizontallinie).

Sie brauchen hier nichts zu unternehmen. **Der Fallschirm gleitet von allein in die Zielzone.** Sollte wider Erwarten doch Handlungsbedarf bestehen, erhalten Sie selbstverständlich umgehend eine Eilmitteilung/SMS mit detaillierten Anweisungen. Und genau das haben meine Leser am 11.04.2014 erhalten. Denn für die 7% Zusatzgewinn in 8 Monaten haben wir einen neuen Fallschirm mit etwa 25% Gewinnpotenzial im gleichen Zeitraum aufgenommen. Diese Gewinnmaximierung gehört zu meiner Analyse dazu.

Handeln mit dem Chancen-Investor

Instrumente

Meine Empfehlungen kommen mit einer **klaren Orderzeile** zu Ihnen. Diese gibt Ihnen auf einen Blick die Möglichkeit, die empfohlene Position bei Ihrem Broker oder Ihrer Bank zu ordern.

Ich konzentriere mich hauptsächlich auf 2 Klassen von Handelsinstrumenten:

- Optionen
- Aktien

Reine Optionen werden in Deutschland an der Eurex gehandelt. Die Empfehlung enthält dann keine Wertpapierkennnummer, sondern die genaue Bezeichnung der Option. Mit dieser Information können Sie dann ganz einfach bei Ihrem Broker die Option handeln. Sie benötigen dafür die Termingeschäftsfähigkeit. Diese erlangen Sie in der Regel durch das Ausfüllen eines Formulars Ihrer Bank oder Ihres Brokers.

Jede Position wird ausführlich und für jeden verständlich erläutert. Eine Übersicht finden Sie im Schnelleinstieg (Seite 43), den Sie bei der Umsetzung der Empfehlungen zur Hand nehmen und so schnell und einfach die Order platzieren können.

Investitionsgröße

Jede Empfehlung wird mit der für unser Chancen-Investor-Portfolio entsprechenden Stückzahl versehen. Wenn Ihre Kontogröße abweichend sein sollte, so ist das kein Problem. Denn bei jeder Empfehlung wird mit angegeben, welche Stückzahl Sie pro Depotgröße einkaufen. Die Depotgröße entspricht Ihrem aktuellen Kontostand inklusive aller Barmittel und Wertpapiere. So können Sie leicht die Stückzahlen an Ihre Kontogröße anpassen.

Bitte beachten Sie, dass der Einsatz pro Position nicht mehr als 5% Ihres Gesamtdepots sein sollte, um ein gutes Risikomanagement zu ermöglichen. Wenn Sie bei der Berechnung der einzusetzenden Summe unsicher sind, können Sie mich gerne ansprechen.

An welcher Börse wird gehandelt?

Eurex, NYSE, CBOE, etc.
Ich gebe Ihnen selbstverständlich an, an welcher **Börse** Sie das jeweilige Instrument erwerben können und wo es ausreichend **liquide** gehandelt wird, um Ihnen unliebsame Überraschungen in der Kursfindung zu ersparen.

Limitangabe

Bei den meisten Empfehlungen ist es sinnvoll, mit einem Limit zu arbeiten. In einem solchen Fall wird dann die Orderzeile mit einem Kauf- bzw. Verkaufslimit versehen. Hier gebe ich an, bis zu welchem **Preis** Sie kaufen bzw. verkaufen sollten. Sie geben Ihrem Broker oder Ihrer Bank damit die Anweisung, dass der Auftrag nur ausgeführt werden soll, wenn der Kurs des jeweiligen Instrumentes sich unterhalb (beim Kauf) bzw. oberhalb (beim Verkauf) oder genau auf dem **Limit** befindet. Damit schützen Sie sich vor negativen Überraschungen bei der Abrechnung.

Bei Empfehlungen im Optionsbereich erhalten Sie zusätzlich eine bebilderte Klick-für-Klick Anleitung für die gängigen Brokerplattformen von Lynx, Agora, CapTrader und InteractiveBrokers. So können Sie selbst als Neuling diese Empfehlungen einfach, sicher und schnell durchführen.

Kursziel

Sie erhalten bei jeder Empfehlung die Angabe eines Kursziels. Anhand dieses Wertes können Sie abschätzen, ob ein Einstieg noch lohnt, falls Sie zu spät reagiert haben bzw. die Kurse plötzlich davongaloppiert sind.

Zusätzlich gebe ich Ihnen in jedem Wochenbericht Informationen, bei welcher Position der Einstieg noch sinnvoll ist. Auch hierzu können Sie mir jederzeit eine E-Mail schreiben.

Wenn alles nach Plan läuft, laufen die Fallschirme einfach zum Ende der Laufzeit aus. Sie brauchen nichts zu unternehmen. Die beiden in der Fallschirmstrategie implementierten Einzelpositionen heben sich gegeneinander auf und übrig bleibt der Maximalgewinn. Diesen habe ich Ihnen beim Kauf mit angegeben. Übrigens: Die Auflösung zum Laufzeitende ist völlig kostenfrei. Es entstehen keine Verkaufsgebühren. So landet der Fallschirm automatisch im Ziel.

Empfang der Eilmitteilungen

Mein Dienst wird Ihnen via **E-Mail** zugehen. Damit die Nachrichten nicht fälschlicherweise als Spam erkannt und in den Junk-E-Mail-Ordner verschoben werden, sollten Sie die Absenderadresse speichern. Damit stellen Sie den reibungslosen Empfang sicher. Sollten Sie doch einmal Probleme mit dem Empfang haben, überprüfen Sie bitte Ihren Spam-Ordner und wenden Sie sich an premiumservice@gevestor.de

SMS-Dienst

Zusätzlich biete ich Ihnen einen SMS-Dienst an und **empfehle Ihnen dringend die Erreichbarkeit per SMS**. So erhalten Sie alle Kauf-, Verkaufs- und Glattstellungssignale sekundenschnell in Form meiner einfachen Empfehlung. Eine SMS enthält alle wesentlichen Merkmale, die gesamte Orderzeile und das Kursziel. Einzelheiten und weiterführende Informationen können Sie dann in Ruhe der E-Mail oder den Wochenberichten entnehmen. So sind Sie überall und zu jeder Zeit bereit. Es macht „Piep-Piep", und Sie wissen, was zu tun ist, um Ihr Kapital zu vermehren.

Um sich für diese SMS zu registrieren, schicken Sie einfach eine E-Mail an **premiumservice@gevestor.de** mit dem Betreff „SMS-Service Chancen-Investor" und Ihrer Mobilfunknummer.

Die Chancen-Investor-App

Damit Sie den Chancen-Investor einfach und bequem nutzen können, stellt mein Team Ihnen einen umfangreichen Online-Service kostenlos zur Verfügung.

Die Kombination aus der Chancen-Investor-App für Smartphone oder Tablet-PC und dem Abonnenten-Bereich auf der GeVestor-Website ermöglicht Ihnen die äußerst flexible Nutzung meines Börsendienstes. Sie erhalten alle Empfehlungen und Informationen des Chancen-Investor stets zuverlässig als Push-Benachrichtigung auf Ihr bevorzugtes Gerät – egal ob zuhause oder unterwegs.

So funktioniert die Installation: Geben Sie für Ihr iPhone/iPad im App Store und für Ihr Android-Gerät bei Google Play den Suchbegriff „Chancen-Investor" ein. Dann anklicken, installieren – fertig!

Mit Ihrer E-Mail-Adresse und Ihrer Kundennummer können Sie sich in den Abonnenten-Bereich der App einloggen und haben sofort uneingeschränkten Zugriff auf alle Inhalte.

Portfolio & Performance

Ich erstelle ein **Portfolio** mit allen offenen Positionen und werde dieses 1-mal wöchentlich versenden. Ich führe genau Buch und kommuniziere jede Woche die bisherige Performance.

Zusätzlich werden alle Empfehlungen von einem unabhängigen Vermögenscontrolling nachvollzogen und die Performance unabhängig bestätigt.

Die bereits geschlossenen Positionen werden in einer Performanceliste gesammelt, die Sie im Abonennten-Bereich auf der Internetseite **www.profi-strategien.de** einsehen können. Ich möchte Ihnen den vollumfänglichen Durchblick und höchstmögliche Transparenz bieten.

Ich halte es für überaus wichtig, dass ein Portfolio auch **nachvollziehbar** ist und nicht durch eine platte Aneinanderreihung einzelner Trades und deren Einzelperformance einen falschen Eindruck erweckt (Sie kennen das sicher von dem ein oder anderen Ihnen bisher in Ihrem Leben über den Weg gelaufenen Börsenbrief). Würde der Chancen-Investor dies auch so machen, könnte ich mir +7.132,42% auf die Fahnen schreiben. Das wäre die Summation der Einzeltrades.

So sieht aber in der Realität kein Depot aus. Es ist wichtig, nur kleinere Teilbeträge und diese diversifiziert zu investieren, um auch auf Dauer an der Börse Geld zu verdienen. Denn so können auch negative Trades leicht verschmerzt werden. Sie können ruhiger schlafen, schonen Ihre Nerven und haben Spaß an der Börse, denn der Erfolg ist ab sofort auf Ihrer Seite.

Der beste und günstigste Broker

für Aktien und Optionen

Um den Fallschirm umzusetzen, ist es notwendig, dass Sie Optionen an der Eurex und anderen Weltbörsen handeln können. Aber auch andere klug kombinierte Profi-Strategien erfordern die Handlungsfähigkeit an der Eurex. Um Ihnen da eine Hilfestellung und Übersicht zu geben, habe ich für Sie im Folgenden die gängigsten Möglichkeiten aufgelistet. Denn Broker ist nicht gleich Broker. Vor allem in der Gebührenstruktur und Kompetenz unterscheiden sie sich sehr deutlich!

Optionen werden, anders als Aktien, Zertifikate oder Optionsscheine, direkt an den Optionen-Börsen (Terminbörsen) gehandelt. Deshalb benötigen Sie für den Optionen-Handel einen persönlichen direkten Zugang zu den Terminbörsen, an denen Optionen gehandelt werden. Diesen stellt Ihnen ein Dienstleister bzw. „Vermittler" bereit, nachdem er Ihnen die Handelserlaubnis für Optionen erteilt hat. Diesen Vermittler nennt man Broker. Ob Bank, Hausbank, Sparkasse oder jedes andere Geldinstitut: In dem Moment, in dem Sie direkt selbst an den Börsen handeln, ist der gewählte Vermittler zu den Börsen Ihr Broker. Bei allen Brokern, die wir Ihnen in dieser Übersicht nennen, können Sie natürlich auch Aktien handeln. Eine entsprechende Information dazu finden Sie jeweils bei den einzelnen Brokern.

Wenn Sie genau wissen möchten, welcher Broker für Sie maßgeschneidert ist, dann schreiben Sie mir einfach eine kurze Anfrage an die Mail-Adresse **redaktion@chancen-investor.de**. Ich helfe Ihnen gerne.

Mit der Wahl des richtigen Brokers maximieren Sie Ihre Gewinne

Für diese oben genannte Dienstleistung – die Bereitstellung Ihres persönlichen Zugangs zu den Optionen-Börsen und die Weiterleitung Ihrer Kauf- oder Verkaufs-Orders für Optionen an die Terminbörsen – erheben die Geldinstitute Gebühren. Diese Gebühren sind bei den verschiedenen Geldinstituten unterschiedlich hoch und in ihrer Struktur unterschiedlich festgelegt. Leser haben uns von Bankgebühren in dreistelliger Höhe für den Kauf oder Verkauf eines einzigen Kontraktes von Optionen berichtet. Zum Vergleich: Günstige Broker verlangen zwischen 1,50 € und 4,00 € für ein Optionen-Geschäft. Sie sehen: Günstige Gebühren sind, neben dem Kundenservice, ein sehr wichtiger, geradezu ein mitentscheidender Faktor für Ihre Gewinn-Optimierung.

Damit Ihre Gewinne aus dem Optionen-Handel nicht durch unnötig hohe Gebühren stark beeinträchtigt werden, sollten Sie den für Sie günstigsten Broker auswählen. Achtung: Nicht alle Banken oder Sparkassen treten auch als Broker für den Optionen-Handel auf. Direktbanken wie Comdirect, CortalConsors etc. offerieren leider keine Möglichkeit für den Kombinationshandel mit Optionen.

Weiterhin sind diese Institute (Banken und Direktbanken) gehalten, die Abschlagssteuer direkt einzubehalten. Damit können bei Optionskombinationen durchaus Fehlberechnungen entstehen, weil das Institut einen Teil der Optionenkombi einfach als 100% Einnahme ansieht. Das katapultiert den Investitionsgrad in die Höhe und schmälert damit Ihre Rendite erheblich. Die von mir empfohlenen Broker in diesem Handbuch erheben allesamt KEINE Abschlagssteuer. Sie selbst versteuern lediglich am Ende eines Jahres Ihren Jahres-Profit in der Anlage KAP Ihrer Steuererklärung.

Um Ihnen die Wahl des richtigen Brokers zu erleichtern, habe ich in der folgenden Auflistung einige gängige Optionen-Broker für Sie verglichen. Wir nennen Ihnen Kontaktdaten, Art und Weise der Depoteröffnung sowie die unterschiedlichen Möglichkeiten des Optionen-Handels. Die Auflistung ist in alphabetischer Reihenfolge und stellt keine Bewertung dar. Bitte bedenken Sie aber, dass Sie einen Broker brauchen, der auch Optionen an der Eurex und anderen Weltbörsen für Sie umsetzen kann. Wichtig dabei sind die Konditionen und Kompetenz!

Mein Tipp: Nutzen Sie die Schnell-Übersicht auf Seite 41!

Für die auf den nächsten Seiten empfohlenen Broker gilt: Diese Broker sind allesamt Profi-Broker. Sie können alle Produkte weltweit handeln. Kunden dieser Broker sind zum Teil auch institutionelle und Großinvestoren weltweit. Bedingt dadurch sind die Kontoeröffnungsunterlagen komplizierter und die Anforderungen höher als normal. Deshalb habe ich als Service für Sie eine Art Ausfüllhilfe vorbereitet. Sie können diese per Mail von mir anfordern.

Agora Trading System Ltd.

Kontaktdaten
Postfach 620364
10793 Berlin
Telefon: 030 / 7 81 70 93
Fax: 030 / 7 81 70 96
E-Mail: info@agora-direct.de
Internet: www.agora-direct.de

Agora Trading ist deutscher Vertriebs- und Handelspartner von Interactive Brokers.

Konto-/Depoteröffnung
Agora Trading bietet Ihnen eine komplett deutschsprachige Depoteröffnung. Die Anmeldung wird üblicherweise über das Internet ausgeführt. Die Unterlagen zur Depoteröffnung können Sie sich aber auch per Telefax oder Post zusenden lassen.

Aktien-Handel
Bei Agora können Sie alle in Deutschland und in den USA gehandelten Aktien kaufen und verkaufen. Das geschieht in derselben Handelsmaske wie der Optionen-Handel. Wenn Sie Ihr Depot getrennt nach Optionen und Aktien darstellen wollen, können Sie das mit wenigen Mausklicks

innerhalb der Handelsmaske umsetzen und darstellen. Die Gebühren beim Kauf und Verkauf von Aktien haben vergleichbar niedrige Transaktions-Gebühren wie bei Optionen.

Optionen-Handel
Sie können Optionen bei Agora Trading sowohl über das Internet als auch telefonisch handeln. Die kostenlose Software für den Handel (die Handelsmaske) erreichen Sie über das Internet: www.agora-direct.de. Agora Trading bietet Ihnen für die Handhabung der Handelsmaske eine ausführliche Einführung. Diese ist zu großen Teilen in deutscher Sprache verfasst. Werden englische Ausdrücke verwendet, bietet der Broker bei Bedarf Hilfestellungen an, die Sie telefonisch nutzen können.

Ihren Optionen-Handel in Deutschland oder den USA betreiben Sie über ein Konto, das Sie auf Wunsch in Euro oder jeder anderen Währung führen können. Zugriff haben Sie dabei aus derselben Handelsmaske sowohl auf die deutsche bzw. europäische Optionen-Börse, die Eurex, als auch auf alle großen Börsen in den USA.

Mein Tipp:
Bei Agora Trading handeln Sie zu relativ niedrigen Transaktions-Gebühren. Wegen des angebotenen umfangreichen Service neben dem reinen Internet-Optionen-Handel, inklusive der Möglichkeit einer telefonischen Order-Erteilung ohne zusätzliche Preisaufschläge, liegen die Gebühren etwas höher als bei Interactive Brokers und Lynx Broker.

Wenn Sie den telefonischen Service von Agora Trading nutzen wollen und Ihre Order auch telefonisch aufgeben möchten, ist Agora Trading mit diesem Service eventuell günstiger als Interactive Brokers (bei Interactive Brokers sind telefonische Neu-Orders nicht möglich und telefonische Positions-Schließungen kosten extra).

CapTrader

Kontaktdaten
Kokkolastraße 1
40882 Ratingen
Tel: +49 (0) 2102-100 494 0
Kostenlose Hotline Deutschland: 0 800 0 393 528
Kostenlose Hotline International: 00 800 00 393 528
Fax: 0 21 02 /100 494-90
E-Mail: info@captrader.de
Internet: www.captrader.de

CapTrader ist deutscher Vertriebs- und Handelspartner von Interactive Brokers.

Konto-/Depoteröffnung
CapTrader bietet Ihnen eine komplett deutschsprachige Depoteröffnung. Die Anmeldung wird üblicherweise über das Internet ausgeführt. Die Unterlagen zur Depoteröffnung können Sie sich aber auch per Telefax oder Post zusenden lassen.

Aktien-Handel
Bei Cap Trader können Sie alle in Deutschland und in den USA gehandelten Aktien kaufen und verkaufen. Das geschieht in derselben Handelsmaske wie beim Optionen-Handel. Wenn Sie Ihr Depot getrennt nach Optionen und Aktien darstellen wollen, können Sie das mit wenigen Mausklicks innerhalb der Handelsmaske umsetzen und darstellen. Die Kosten beim Kauf und Verkauf von Aktien sind vergleichbar niedrig wie bei Optionen.

Optionen-Handel
Sie können Optionen bei CapTrader sowohl über das Internet als auch telefonisch handeln. Der Telefonhandel sollte allerdings nur in notwendi-

gen Situationen in Anspruch genommen werden. CapTrader wünscht eher einen Handel über die Plattform. Die kostenlose Software für den Handel (die Handelsmaske) erreichen Sie über das Internet unter der Adresse www.captrader.com.

Ihren Optionen-Handel in Deutschland oder den USA betreiben Sie über ein Konto, das Sie auf Wunsch in Euro oder Dollar führen können. Zugriff haben Sie dabei aus derselben Handelsmaske sowohl auf die deutsche bzw. europäische Optionen-Börse, die Eurex, als auch auf alle großen Börsen in den USA.

Mein Tipp zu den Gebühren

Bei CapTrader handeln Sie zu relativ niedrigen Transaktionsgebühren. Wenn Sie vorwiegend am PC handeln und Sie auf die telefonische Betreuung weniger Wert legen, sind Sie bei CapTrader gut aufgehoben.

Interactive Brokers

Kontaktdaten
Gotthardstraße 3, CH-6300 Zug
(Schweizer Niederlassung)
Telefon: 0 08 00-42-27 65 37
(kostenfrei und deutschsprachig)
Fax: 00 41-41-7 26-95 99
E-Mail: help@interactivebrokers.com
Internet: www.interactivebrokers.de

Konto-/Depoteröffnung
Sie können Ihr Depot bei Interactive Brokers auf der oben genannten Internetseite online eröffnen. Die Depoteröffnung erfolgt überwiegend in englischer Sprache. Zur Unterstützung gibt es eine deutsche Anleitung, die Sie von der Internetseite bei Interactive Brokers herunterladen können.

Englischkenntnisse sind wichtig
Hilfreich ist es bei der Konto-/Depoteröffnung dennoch, wenn Sie über ausreichende Englischkenntnisse und das entsprechende Börsen-Fachvokabular verfügen.

Aktien-Handel
Bei Interactive Brokers können Sie alle in Deutschland und in den USA gehandelten Aktien kaufen und verkaufen. Das geschieht in derselben Handelsmaske wie beim Optionen-Handel. Wenn Sie Ihr Depot getrennt nach Optionen und Aktien darstellen wollen, können Sie das mit wenigen Mausklicks innerhalb der Handelsmaske umsetzen und darstellen. Die Gebühren beim Kauf und Verkauf von Aktien haben vergleichbar niedrige Transaktions-Gebühren wie bei Optionen.

Optionen-Handel

Sie handeln bei Interactive Brokers die Optionen in Deutschland und an den US-Börsen mit einem Konto, das Sie wahlweise in Euro oder Dollar führen können. Sie können direkt über Ihren Internetzugang (Browser) handeln oder Sie laden sich eine kostenlose Software von der Internetseite bei Interactive Brokers herunter. Zugriff haben Sie anschließend aus derselben Handelsmaske sowohl auf die deutsche/europäische Optionen-Börse, die Eurex, als auch auf alle großen US-Optionen-Börsen.

Mein Tipp:

Sie sollten für den Handel über diesen Broker „zwingend" routiniert mit dem Internet umgehen und Ihre Orders selbstständig online platzieren können. Außerdem sind Grundkenntnisse in Englisch sehr hilfreich.

Wichtig!

Interactive Brokers ist der günstigste Broker dieser Aufstellung. (Das wird aber durch einen begrenzten Kundenservice erreicht.)

Wenn Sie ganz neu im Optionen-Handel sind oder (gelegentlich) Unterstützung beim Handeln benötigen, sollten Sie Ihr Depot nicht bei Interactive Brokers eröffnen.

Lynx Broker

Kontaktdaten
Hausvogteiplatz 3–4
10117 Berlin
Telefon: 08 00 / 59 69-000
Fax: 030 / 3 03 28 66 99
E-Mail: service@lynxbroker.de
Internet: www.lynxbroker.de

Lynx Broker ist deutscher Vertriebs- und Handelspartner von Interactive Brokers.

Konto-/Depoteröffnung
Lynx Broker bietet Ihnen eine komplett deutschsprachige Depoteröffnung. Auf der Internetseite www.lynxbroker.de/konto.php finden Sie alle notwendigen Unterlagen, um ein Konto zu eröffnen. Nachdem Sie dem Broker dort Ihre Daten mitgeteilt haben, werden alle notwendigen Eröffnungsinformationen per Post an Sie gesendet. Ein bis zwei Arbeitstage nach dem Empfang der Eröffnungsunterlagen erhalten Sie per E-Mail Ihre Kontonummer und Ihr Passwort. Damit Sie Ihr Konto aktivieren können, müssen Sie ein Guthaben auf Ihr Konto überweisen. Sie können sofort nach Gutschrift Ihrer Überweisung mit dem Handel beginnen.

Aktien-Handel
Bei Lynx Broker können Sie alle in Deutschland und in den USA gehandelten Aktien kaufen und verkaufen. Das geschieht in derselben Handelsmaske wie beim Optionen-Handel. Wenn Sie Ihr Depot getrennt nach Optionen und Aktien darstellen wollen, können Sie das mit wenigen Mausklicks innerhalb der Handelsmaske umsetzen und darstellen. Die Kosten beim Kauf und Verkauf von Aktien haben vergleichbar niedrige Transaktions-Gebühren wie bei Optionen.

Optionen-Handel

Sie können Optionen bei Lynx Broker sowohl über das Internet als auch telefonisch handeln. Die kostenlose Software für den Handel (die Handelsmaske) erreichen Sie über das Internet unter der Adresse: www.lynxbroker.de/infoanfrage20.php. Lynx Broker bietet Ihnen auf seiner Internetseite für die Handhabung der Handelsmaske eine Einführung. Diese ist in deutscher Sprache verfasst.

Ihren Optionen-Handel in Deutschland oder oder auch weltweit betreiben Sie über ein Konto, das Sie auf Wunsch in Euro oder jeder anderen Währung führen können. Zugriff haben Sie dabei aus derselben Handelsmaske sowohl auf die deutsche bzw. europäische Optionen-Börse, die Eurex, als auch auf alle großen Börsen in den USA und weltweit. Sie haben auch die Möglichkeit, über einen in die Plattform eingebauten Forex-Trader den Forex-Handel durchzuführen bzw. Ihr Kapital in jede x-beliebige Währung zu tauschen.

Mein Tipp:

Bei Lynx Broker handeln Sie zu sehr niedrigen Transaktions-Gebühren. Wegen des angebotenen umfangreichen Service neben dem reinen Internet-Optionen-Handel, inklusive der Möglichkeit einer telefonischen Order-Erteilung ohne zusätzliche Preisaufschläge, liegen die Gebühren mit 2,00 €/Kontrakt zwar etwas höher als bei Interactive Brokers, für den kleinen Privat-Trader ist dies aber die günstigste und sinnvollste Lösung.

Wenn Sie den telefonischen Service von Lynx Broker nutzen und Ihre Order auch telefonisch aufgeben, ist Lynx Broker mit diesem Service deutlich günstiger als Interactive Brokers (bei Interactive Brokers sind sogar telefonische Neu-Orders nicht möglich und telefonische Positions-Schließungen kosten extra).

Schnell-Übersicht für Ihre Brokerwahl

In der folgenden Schnell-Übersicht können Sie auf einen Blick alle für Sie wichtigen Kriterien einsehen und Ihre persönliche Wahl treffen. Die Reihenfolge stellt keine von uns empfohlene Rangfolge dar. In der oberen waagerechten Zeile sehen Sie die wichtigen Kriterien für den Optionen-Handel. So finden Sie schnell und einfach den Broker, der Ihren Anforderungen am besten entspricht:

Broker (alphabetisch geordnet)	Gebühren	Internet-Handel	Handel per Telefon	deutschsprachig	Handel an den US-Börsen	Handel in Deutschland (Eurex)
Agora Trading System (Seite 33)	Aktienoptionen 2,00 € DAX-Optionen 2,00 €	ja	ja	ja, beim Telefonhandel	ja	ja
Cap Trader (Seite 35)	Aktienoptionen 2,00 € DAX-Optionen 2,00 €	ja	nur falls unbedingt notwendig	ja	ja	ja
Interactive Brokers (Seite 37)	alle Eurex-Aktien-Optionen 1,10 € DAX-Optionen 1,70 €	ja, hier nur Internet	nein	nein	ja	ja
Lynx Broker (Seite 39)	alle Eurex-Optionen 2,00 €	ja	ja, bestens besetzt	ja	ja	ja

Schnelleinstieg

Die 3 Voraussetzungen für Ihren erfolgreichen Handel mit dem Chancen-Investor:

1. Eröffnen Sie ein Depot bei einem Broker

Sie brauchen zuerst einmal ein Depot. Achten Sie darauf, dass Sie neben Aktien auch Optionen an der Terminbörse Eurex und den USA abwickeln können. Mit Optionen können Sie zu 100% von den Fallschirm-Trades des Chancen-Investors profitieren. Dazu ist eine Handelserlaubnis für Optionen notwendig. Fragen Sie danach. In der Regel ist dies nur eine Formsache, in der Sie erklären, dass Sie sich nach der neuen Gesetzeslage der Risiken bei Optionsgeschäften bewusst sind und darüber aufgeklärt wurden. Bei der Suche eines geeigneten Brokers sind wir Ihnen gerne behilflich. Schicken Sie mir einfach eine E-Mail an: **redaktion@chancen-investor.de**

2. Zahlen Sie die Mindestanlagesumme ein

Die meisten Anbieter verlangen Mindestsummen zur Einlage. Die Beträge liegen in der Regel bei etwa 4.000 €. So viel müssen Sie also einzahlen, um „handelsfähig" zu werden. Wir empfehlen Ihnen, mit einer Mindestsumme von etwa 5.000 €, besser 10.000 €, einzusteigen. Damit haben Sie den notwendigen Spielraum, um langfristig am Markt bestehen zu können.

3. Handeln Sie die Eilmitteilungen richtig und schnell

Wenn sich eine gute Möglichkeit in einem Segment bietet, erhalten Sie sofort per E-Mail oder per SMS eine Eilmitteilung mit allen Daten, die Sie für den Trade brauchen – so bleiben Sie auch unterwegs handlungsfähig. Damit sollten Sie in der Lage sein, die Empfehlungen innerhalb des angegebenen Korridors umzusetzen. Erleichtert wird Ihnen das mit dem Überblick über die gängigsten Trading-Aktionen und Ordertypen – siehe die folgenden Seiten.

Wenn die Position glattgestellt – also aufgelöst – wird, erhalten Sie wieder eine E-Mail bzw. SMS mit der Glattstellungsempfehlung. Ich verfolge jede empfohlene Chance und begleite diese bis zur Glattstellung.

Sollten Sie weitere Fragen zum Chancen-Investor haben, Unterstützung benötigen oder mich einmal persönlich sprechen möchten, schicken Sie eine E-Mail an: **redaktion@chancen-investor.de** oder nutzen Sie die Telefonsprechstunde immer Freitags von 9:30–10:30 Uhr. Die Telefonnummer finden Sie in den Wochenausgaben des Chancen-Investors.

Die Chancen-Investor-Empfehlungen

Zu jeder Empfehlung im Chancen-Investor erhalten Sie in einer Eilmitteilung, die immer dann an Sie herausgeht, wenn ich eine neue Chance entdeckt habe, die wichtigsten Fakten auf einen Blick.

Umsetzung der Empfehlungen

Sie erhalten bei Handlungsbedarf stets eine E-Mail und eine SMS (bitte für den SMS-Dienst anmelden!). In beiden befindet sich eine vorlesbare Orderzeile. Diese reicht aus, um beim Broker auch einmal telefonisch zu ordern, falls notwendig.

Überblick über die Fallschirm- und Extra-Chancen-Empfehlungen, die Sie an der Terminbörse Eurex und weltweit umsetzen:

Überblick über die möglichen Trading-Aktionen:

Angabe	Bedeutung
Kauf oder Verkauf	Angabe, ob Kauf oder Verkauf
Anzahl der Kontrakte für unser Depot und Angabe für Ihre Depotgröße	Gibt an, welche Stückzahl das Musterdepot (Depotgröße 20.000,– €) einkauft und wieviel Sie bei Ihrer Depotgröße kaufen sollten.
Call oder Put	Angabe, ob ein Call (Kaufoption: profitiert von steigenden Kursen) oder ein Put (profitiert von fallenden Kursen) gehandelt werden soll
Strategie	Fachlich genaue Bezeichnung der Optionenstrategie, die gehandelt wird. Beispiel: Vertical Call Bull Spread.
Instrument	Angabe, welche Aktie oder Index oder Währung etc. gehandelt wird (nennt man auch Underlying)
Laufzeit	Angabe der zugehörigen Laufzeit der Optionen
Basispreis (Strike genannt)	Angabe, welcher Basispreis (Strike) der Option zugrunde liegt
eventuell Limitangabe	Ein Limit beim Kauf bzw. Verkauf begrenzt Ihr Risiko und wird bei Notwendigkeit mit angegeben
Orderlaufzeit	Gibt an, wie lange Ihre Order im Markt arbeiten soll. Bsp: GTC (Good till Cancelled)-Order bleibt solange im Markt, bis sie ausgeführt oder von Ihnen gelöscht wurde.

Beachten Sie, dass bei einer Optionsorder im Gegensatz zu einer „normalen" Empfehlung auch durchaus ein Verkauf eines Calls oder Puts als Positionseröffnung geschehen darf. Das ist mitunter ungewöhnlich, aber wichtig für die Strategie. Beim Chancen-Investor werden diese Positionen nur als Teil einer Kombination eingesetzt und wegen des hohen Risikos niemals als einzelne sogenannte ungedeckte (naked short) Position. Somit sind die Kursrisiken genauso begrenzt wie bei einer normalen Empfehlung und nicht höher als der Einsatz.

Beispiel einer vorlesbaren Orderzeile: Kauf pro 3.000,– € Depotgröße jeweils 1 Kontrakt Vertical Bull Call Spread auf Facebook (Kürzel: FB) mit den Calls Kauf Basis 27,0 und Verkauf Basis 29,0 in der Laufzeit 21. März 2014. Bitte als **Optionencombo SMART** handeln. **Kauflimit 1.55 US$** (Nicht über 1,55 US$ kaufen). Orderlaufzeit **GTC**.

Klingt kompliziert, ist es aber nicht. Diese Zeile können Sie einfach dem Broker vorlesen, falls Sie einmal im Urlaub oder unterwegs sind oder mit der beigefügten bebilderten Klick-für-Klick-Anweisung bequem an Ihrem PC kaufen.

Der Fallschirm-Trade nutzt die geschickte Kombination aus verschiedenen Optionspositionen. Als Inhaber des Fallschirms verdienen Sie somit hochprozentig an den erwarteten Bewegungen sowie auch bei gleich bleibenden oder auch bis zur Fallschirmgrenze entgegengesetzt laufenden Bewegungen. Das gibt Ihnen eine erhöhte Sicherheit und ermöglicht hohe Profite, selbst wenn es mal nicht ganz so läuft wie erwartet!

Die Limitangabe

Beim Chancen-Investor arbeiten wir zur Optimierung Ihrer Ein-und Ausstiegszeitpunkte häufig mit Limits. Bei einer Limitangabe sind verschiedene Formen zu unterscheiden. Die gängigste und häufigste ist die einfache Limit-Order. Manchmal ist es aber am Markt durchaus sinnvoll, eine Stopp- oder Stopp-Limit-Order zu verwenden.

Überblick über die gängigsten Orderarten (nur bei Limitangaben):

Orderart	Bedeutung
Limit-Order	Kaufe oder verkaufe zum Limit-Kurs oder besser
Stopp-Order	Kaufe oder verkaufe erst ab Erreichen einer bestimmten Kurs-Schwelle, aber **dann sofort:** Beim Kauf: Kaufe dann zum nächstbesten Briefkurs („billigst") Beim Verkauf: Verkaufe zum nächstbesten Geldkurs („bestens")
Stopp-Limit-Order	Kaufe oder verkaufe erst ab Erreichen einer bestimmten Kurs-Schwelle aber, **dann nur zum Limitkurs oder besser**.

„Klick-für-Klick“-Handelsanleitung

Klick für Klick

Ich nehme diese Überschrift wörtlich; das heißt, ich gehe auf den nächsten Seiten wirklich jeden einzelnen Klick mit Ihnen durch. Das mutet aufgrund der Vielzahl an Screenshots wie ein ungeheurer Aufwand an, ist aber in der Regel nach ein, zwei Übungen in **30 Sekunden** pro Trade erledigt!

In unserem Beispiel werde ich jeweils 4 Kontrakte handeln, entsprechend einem resultierenden Einsatz von **632,– €**. Die Gebühren bei Lynx Broker belaufen sich auf 16,– € für die Gesamtposition. Der Erlös bei einem Adidas-Kurs größer oder gleich 52,– € am Laufzeitende beträgt **800,– €**. Es errechnet sich ein Profit von 168,– € abzüglich der Gebühren von 16,– € = +152,– €. Das entspricht einem satten Profit von +24,05%!

Das Ergebnis wird in nur 8 Monaten erzielt, sodass die **Jahresrendite** dieses Trades bei **etwa +36%** liegt!

Anmerkung: Diesen Profit nehmen Sie natürlich auch bei steigenden Kursen ein, so wie es im eigentlichen Szenario vor Positionseröffnung erwartet wurde. Also, los geht's ...

Die Empfehlung

Aktuell, am 20.02.2015, hat dieser Fallschirm schon vorzeitig fast den Maximalgewinn erzielt. Meine Leser haben bereits +22,78% Buchgewinn im Depot stehen.

Hier sehen Sie die Empfehlung, wie Sie Ihnen per E-Mail zugeht. Alle Informationen, die Sie für die Ausführung vom 13.08.2014 brauchen, finden Sie im Folgenden.

Kaufen Sie heute einen Fallschirm mit 26,60% Gewinnpotenzial in nur 7 Monaten ein.

Sie bezieht sich auf die Aktien der Adidas AG.

Kaufen Sie heute je 5.000,- €* Depotgröße 1 Kontrakt ein.
Kosten: 158,- €/Kontrakt
Margin: 150,- €/Kontrakt
Das Musterdepot ordert 4 Kontrakte.

* Kleinere Depots können ab 2.500,- € Depotvolumen auch 1 Kontrakt aufnehmen.

Handelszeit: 9:00 Uhr–17:30 Uhr. Sie können die Order aber auch außerhalb dieser Zeiten einstellen.

Vorlesbare Orderzeile: (Optioncombo Directed DTB)

Kauf 4 Kontrakte **Vertical Bull Call Spread** auf Adidas (Kürzel: **ADS**),
mit den Calls **Kauf** Basis **50** und **Verkauf** Basis **52** mit Laufzeit **20. März 2015**
Kauflimit **1.58** Euro (bis max.1.62 gehen) Orderlaufzeit GTC.

HINWEIS: Haben Sie Geduld beim Limit **und lassen Sie die Order ein paar Tage arbeiten.**
Erst ab 15:30 Uhr das Kauflimit anheben.

Der Trade am PC

Klick-für-Klick-Anleitung (für die Handelsplattform der Broker Lynx, Agora, Cap Trader, Interactive Brokers).

I) Anzeige der RealtimePreise:

1. Geben Sie in einer freien Zeile im Ordermanagement in der Spalte **Underlying/Basiswert** die Buchstaben **ADS** ein und drücken [Enter].

Ihr Bildschirm sieht folgendermaßen aus:

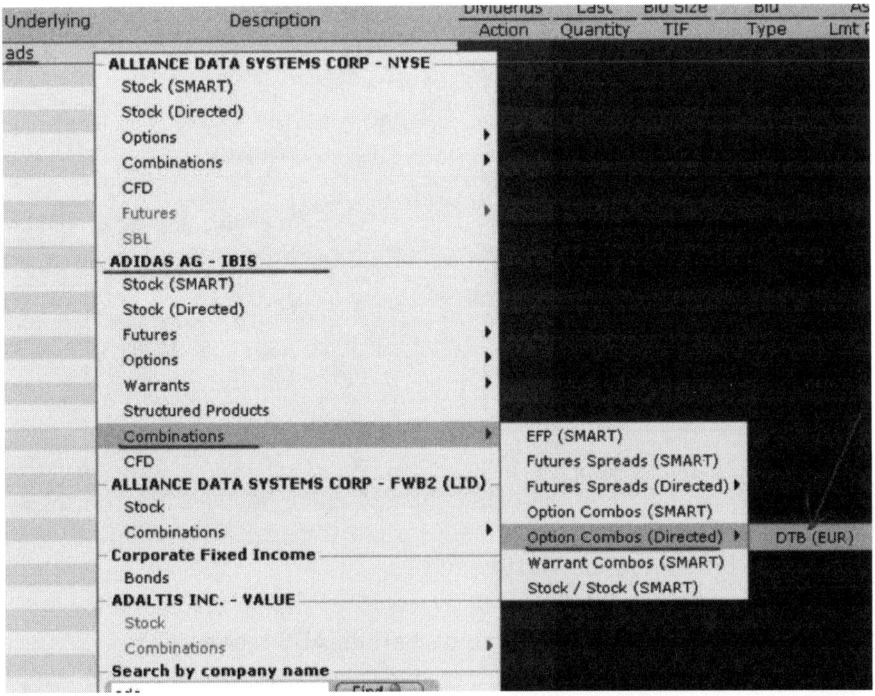

2. Wählen Sie mit dem Mauszeiger unter **ADIDAS AG - IBIS** nacheinander **Kombinationen/Combinations***, dann **Option Combos (Directed)** an und klicken einmal auf **DTB (EUR)**.

*(Das Feld Kombinationen kann schwach grau sein, das macht aber nichts). Sehen Sie kein Feld Kombinationen/Combinations, müssen Sie vorher mit dem Mauszeiger auf das kleine Dreieck unten gehen und etwas abwarten. Es öffnen sich dann neue Felder.

3. In der nun geöffneten Comboauswahl wählen Sie oben den Karteireiter **Strategy (Strategie)**.

Hier das Bild dazu:

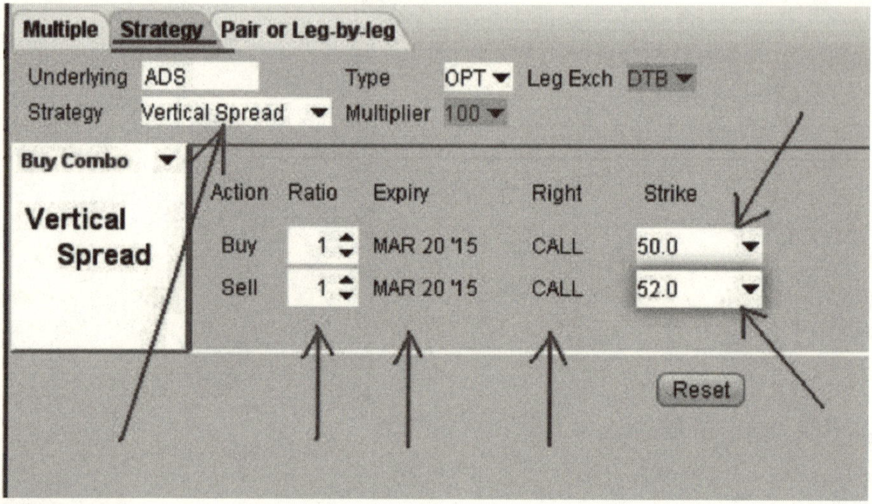

Stellen Sie bitte folgende Werte ein:

Im Feld **Basiswert/Underlying** sollte bereits **ADS** stehen.

Sie geben nun im Feld darunter (**Strategie/Strategy**) durch Klick und Scrollen in das Feld **Vertical Spread** an. (Kann sein, dass Sie ganz nach unten scrollen müssen, nachdem Sie in das Feld geklickt haben).

Unter **Ratio (Verhältnis)** sollte bei Buy und auch bei Sell eine **1** stehen. Unter **Verfallstermin** geben Sie **MAR 20 15** an. Geben Sie unter **Right (Rechts) CALL** an.

Unter Strike **(Basispreis)** wählen Sie für das obere Feld **50.0** und für das untere Feld **52.0** aus und bestätigen alles nach nochmaliger Kontrolle mit **OK** (ganz unten).

Es öffnet sich zusätzlich eine Info-Box und eventuell weitere Fenster. Diese können Sie wegklicken (Kreuz oben rechts in der Box bzw. NO).

II) Kauf des „Fallschirms":

1. Sie haben jetzt neue **3 Kurszeilen.**

Hier das Bild dazu:

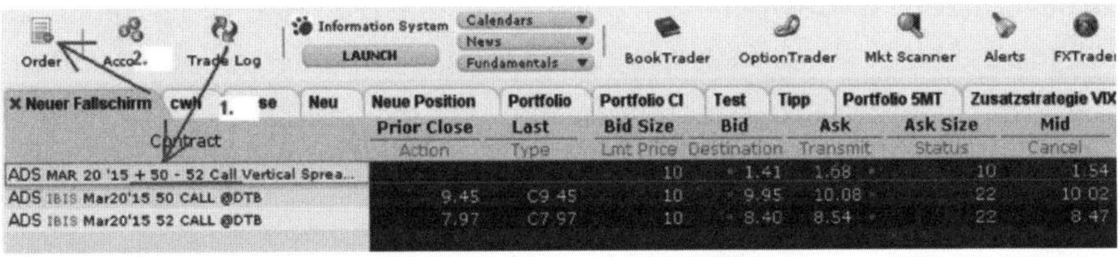

In der Kurszeile des Vertical Spread (in der Regel die oberste, oftmals Kurse in Lila) machen Sie zuerst einen **Mausklick ganz links in das Feld mit dem Vertical Spread,** sodass die oberste Zeile einen leichten grauen Rahmen erhält.

Kontrollieren Sie, ob in der Zeile auch tatsächlich „... **+50 -52** ..." mit den richtigen Vorzeichen steht.

Danach klicken Sie oben links auf das Icon **Order**.

2. Es öffnet sich das Orderticket:

Stellen Sie bitte folgende Punkte ein:

Aktion: Kauf (BUY)

Stückzahl: Kaufen Sie je 5.000,– € Depotgröße jeweils 1 Kontrakt. Das Musterdepot kauft 4 Kontrakte.

Ordertyp: LMT

Limit: Geben Sie **1.58***ein. (**Achtung:** Trennzeichen ist ein Punkt, kein Komma!!!)
**Bitte erst ab 15:30 Uhr Limit erhöhen und dabei nicht höher als 1.62 gehen.

Orderlaufzeit: GTC (Bedeutet „Good till cancelled". Die Order bleibt so lange am Markt aktiv, bis sie ausgeführt oder von Ihnen gelöscht wurde)

Der Bildschirm den obigen Einstellungen sieht wie folgt aus:

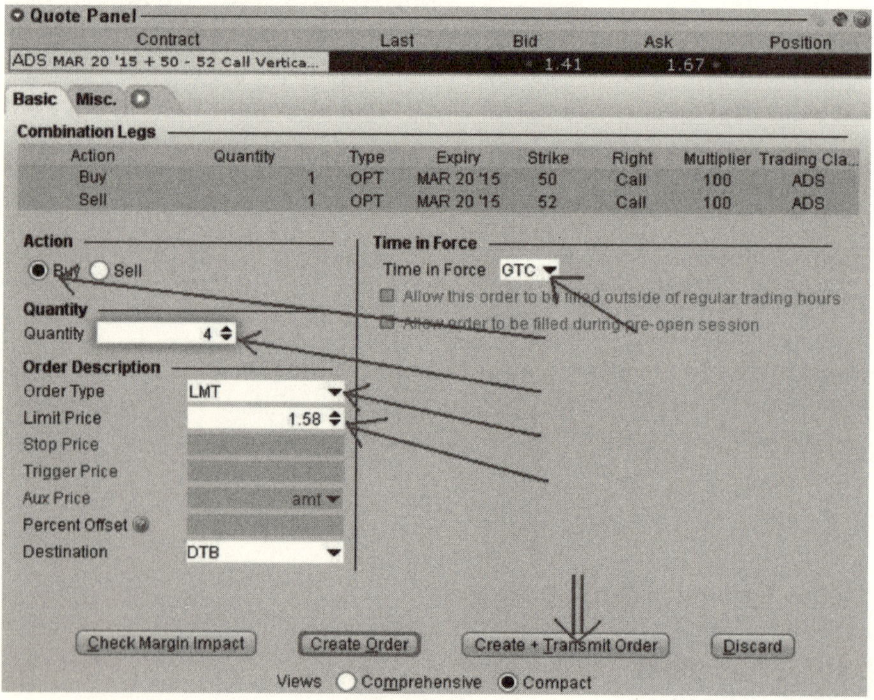

Kontrollieren Sie alle Einstellungen noch einmal und klicken Sie dann auf **„Erstellen + Order übermitteln" (Create + Transmit Order)**. Bestätigen Sie nach nochmaliger Kontrolle alle folgenden Seiten.

Fertig!

Sie können die ausgeführte Order oben unter dem dritten Icon von Links **„Handel Log"** sehen. Dieses blinkt bei Ausführung.

Die Schnelligkeit und Flexibilität des Tradings zu absoluten Realtime-Bedingungen machen diese Plattform so ungeheuer stark. Ich trade seit über 30 Jahren mit Plattformen aller Couleur, an diese kommen andere aber nicht heran. Zugegeben, ein wenig gewöhnungsbedürftig ist sie zu Anfang schon, aber wenn Sie sie beherrschen, möchten Sie nie wieder anders handeln.

Zu kompliziert? Nein!

Neue ungewohnte Handlungen sind immer etwas gewöhnungsbedürftig. Aber die oben beschriebenen Schritte sind immer dieselben. Bei jedem Trade führen Sie diese 4 Schritte aus. Jeder einzelne wird von mir in der Kaufanleitung bebildert und Klick für Klick beschrieben.

Sie werden sehen, nach ein paar Mal üben ist es nicht schwieriger, als Morgens Frühstück zu machen. Sie holen das Brötchen, die Butter und die Marmelade und das Messer. Schneiden auf, streichen und räumen alles wieder weg. Fertig!

Der Trade und seine Performance

Der Vorteil dieser Kombi-Order liegt darin, dass Sie keine zwei getrennte Orders ausführen müssen und sichergehen können, dass beide gleichzeitig ausgeführt werden.

Sie haben jetzt für 1,58 € gekauft, pro Kontrakt also 158,– € investiert. Das Fantastische daran: Sie hatten ursprünglich die Annahme getroffen, die Adidas-Aktie würde steigen. Bei der genannten Kombiorder verdienen Sie dann **24,05%** inkl. Gebühren. Das wäre für Sie im Normaltrading erst dann der Fall, wenn die **Adidas-Aktie** einen Stand von **73,07** € Punkten erreicht – also weit oberhalb der Adidas-Kurse zum Einstiegszeitpunkt.

Das braucht sie schon einmal nicht. Aber es kommt noch viel besser: Die Adidas-Aktie darf sogar stehen bleiben und das Beste: Die Adidas-Aktie darf sogar fallen. Und zwar bis 52,– € und dennoch verdienen Sie 24,05% und erhalten 200,– € pro Kontrakt ohne weiteres Zutun für Ihr Investment auf Ihr Depotkonto zurück.

Es gibt keine Barriere oder versteckte Knock-out-Level. Die Aktie muss lediglich am Verfallstermin am 20.03.2015 über 52,– € stehen. Das ist alles! Aktuell steht Sie bei etwa 67,– €, und meine Leser werden den Profit von 24,05% eingestecken.

Diese Konstrukte und noch viel mehr bietet Ihnen weltweit als einziger Dienst für Privatkunden nur der Chancen-Investor. Ich baue Ihnen Konstrukte auf, die bisher noch nie erreichte Profitzonen aufspannen und Sie können das mitmachen, auch als Privatanleger.

Ich wünsche Ihnen ein erfolgreiches Trading!

Häufig gestellte Fragen

Kann ich beim Chancen-Investor nur mitmachen, wenn ich auch Optionen handle?

Nein, Sie können auch ohne Optionen mitmachen. Wir empfehlen Ihnen aber, sich im Laufe der Zeit diese Möglichkeit zu schaffen, um an den Fallschirm-Trades teilzunehmen. Diese sind nämlich besonders lukrativ UND sicher. Wir helfen Ihnen gerne bei der Brokerwahl.

Welche/r ist die für mich beste Bank/Broker für den Optionenhandel?

In der Regel bieten alle großen Banken und Sparkassen Optionenhandel an. Erfragen Sie bitte vorher, ob auch ***Optionskombinationen*** *handelbar sind. Die Gebühren für einen Kontrakt Optionen sollten auch nicht über 5 €/Kontrakt liegen. Handeln Sie lieber unabhängig und selbstständig, dann wählen Sie einen reinen Broker, der auch den Optionenhandel über eine Tradingplattform anbietet. Möchten Sie den telefonischen Kontakt mit einem Bankberater, dann wählen Sie eine Bank oder Sparkasse Ihres Vertrauens. Meist sind die Gebühren bei Letzteren aber deutlich höher und die Durchführung aufwändiger. Bei der Auswahl des geeigneten Partners bin ich gerne behilflich, schicken Sie mir einfach eine E-Mail.*

Um Optionen an der Eurex kompetent, vernünftig und vor allem kostengünstig umsetzen zu können, sind einige Voraussetzungen von Ihrer Bank/Ihrem Broker zu erfüllen. Eine Übersicht über für den Chancen-Investor geeignete Broker finden Sie ab Seite 29. Denn Broker ist nicht gleich Broker und Kunde nicht gleich Kunde. Das muss passen!

Ich bin nicht immer online, kann ich die Empfehlung nur per E-Mail empfangen?

Nein, Sie erhalten auf Wunsch auch eine SMS an Ihr Mobiltelefon bzw. ein Fax. Oder alles zusammen, ganz wie Sie möchten. Sie erhalten eine voll-

ständige Orderzeile mit allen wichtigen Angaben, um die Order sofort bei Ihrem Broker/Ihrer Bank oder online umzusetzen.

Wie viel von dem für den Chancen-Investor vorgesehenen Kapital sollte bei Ihnen pro Empfehlung jeweils eingesetzt werden?

Das gebe ich in jeder Eilmitteilung an. Für unser Muster-Portfolio in Stückzahlen, zusätzlich errechne ich für Sie eine von der Depotgröße abhängige Stückzahl aus. Diese können Sie dann ganz leicht auf Ihr Depot umrechnen.

Wie viele Positionen werden Sie etwa im Depot halten?

Das ist von den Märkten und der Situation abhängig. Es werden aber, von Ausnahmefällen abgesehen, nicht mehr als etwa 20 verschiedene Positionen gleichzeitig im Depot sein.

Muss ich eine Termingeschäftsfähigkeit haben?

Der Begriff „Termingeschäftsfähigkeit" wurde abgeschafft. Die Banken und Broker müssen Ihnen eine Risikoerklärung über die besonderen Risiken der Finanztermingeschäfte vorlegen. Diese unterzeichnen Sie und erlangen so das Recht, Optionen handeln zu dürfen. Jeder kann und darf nun Optionen handeln, wenn er die Formulare gelesen, verstanden, akzeptiert und unterzeichnet hat. Das ist für Sie eine Vereinfachung zur bisherigen Vorgehensweise.

Ich habe ein Depot bei einem Onlinebroker, der Optionsscheine, aber keine Eurex-Optionen anbietet. Soll ich wechseln oder ein Zusatzdepot bei einem anderen Broker einrichten?

Beides geht. Sie können auch Ihr altes Depot für Ihre eigenen Trades behalten. Wichtig ist nur, dass Sie auch für die Fallschirmstrategie ein Depot bei einem Profibroker besitzen.

Ich habe eine Mitteilung verpasst, was soll ich jetzt tun?

Das ist zunächst einmal gar nicht schlimm. Denn in der Empfehlung wird ein Kursziel angegeben, anhand dessen Sie sich in etwa orientieren können, ob der Einstieg noch lohnt oder nicht. Ansonsten setzen Sie halt mal eine Empfehlung aus.

Es geht beim Chancen-Investor um eine langjährige stetige Performance, sodass ein Aussetzer die zweistelligen Renditen auf Sicht nicht gefährdet.

Im Wochenbericht gebe ich auch alle Positionen an, in die sich der Einstieg noch lohnt. Außerdem können Sie mir jederzeit eine E-Mail an redaktion@chancen-investor.de schreiben, sollten Sie unsicher sein, was den verspäteten Einstieg in eine Position betrifft.

Ich bin Neueinsteiger. Welche Positionen soll ich zum Start kaufen?

Für Neueinsteiger empfehle ich, erst die Positionen abzubilden, die Sie als Empfehlung erhalten. Positionen, die von noch nicht Investierten zu kaufen sind, werden immer im Wochenbericht aufgeführt. Dazu habe ich wöchentlich eine Sektion für Neueinsteiger eingeführt, der Sie alles Wichtige entnehmen können.

Ich habe viele Fragen. Kann ich Sie einmal persönlich sprechen?

Einmal wöchentlich können Sie mich in der Redaktionssprechstunde erreichen. Sollte es Ihnen in dieser Zeit nicht gelingen durchzukommen, schicken Sie einfach eine E-Mail mit Rückrufnummer an die Redaktion. Sie werden dann, so wie es zeitlich möglich ist, zurückgerufen.

Ich habe 2008 und 2011 aufgrund von Empfehlungen meiner Bank viel Geld verloren. Wie ist das in Zukunft zu vermeiden?

Indem Sie an der Börse mit den ureigensten Tugenden arbeiten: Disziplin, Ruhe und ohne Hektik. Wichtig ist vor allem auch, dass Sie diversifiziert investieren und somit nur jeweils Teile Ihres Kapitals auf eine Position verwenden. Dann sind Ausrutscher nämlich leicht verschmerzbar.

Im Chancen-Investor lag die Barliquidität des Depots immer zwischen 20 und 60%. Trotz der geringen Investitionsmengen konnte bezogen auf das Gesamtdepot bisher eine Performance von über 165% erzielt werden.

Lieber Herr Sturm, danke für Ihren Tipp, ich habe 35% Plus gemacht. Sie haben aber mit dem Chancen-Investor 40% Plus gemacht. Wie erklärt sich die Differenz?

Das ist die normale Statistik. In der Regel kommen Sie im Laufe der Jahre mal billiger, mal teurer als der Chancen-Investor in den Markt und Sie stellen die Positionen auch mal zu höheren und mal zu niedrigeren Kursen glatt. Den genauen Kurs des Chancen-Investors zu treffen ist schier Zufall, denn die Kurse bewegen sich nun mal. Aber über die Jahre hinweg mittelt sich diese Differenz heraus. Ihre Performance wird mit großer Wahrscheinlichkeit der des Chancen-Investors entsprechen.

Wo finde ich weiterführende Informationen zum Fallschirmtrader und der Fallschirm-Strategie?

Ich habe für meine Abonnenten eine DVD-Serie erstellt. Dort finden Sie die grundlegenden Dinge und eine Einführung. Weiterführendes Wissen erlangen Sie im geschützten Login-Bereich. Dieser ist für Abonnenten kostenfrei. Sie finden dort eine ganze Reihe von Webinaren vom absoluten Grund- bis hin zum Profiwissen. Als besonderes Bonbon habe ich eine Trading-Akademie entworfen. Sie finden sie ebenfalls im Login-Bereich. Wenn Sie die Kapitel der Trading-Akademie absolviert haben und die Fragen & Antworten verstanden haben, können Sie sich getrost „Trader" nennen.

Glossar

Ask

Das englische Wort „ask“ heißt: „fragen“. An der Börse „fragt“ ein potenzieller Verkäufer einer Option beispielsweise, ob ein Käufer für einen Kurs von 125 € seine Option kaufen möchte. Das aktuell beste Verkaufs-Angebot eines Traders an der Börse erscheint im „Ask“. Dieses sehen Sie bei einer Kursabfrage oder permanent in Ihrer Handelsmaske. Nehmen wir an, aktuell sind die 125 € der beste Preis, dann sehen Sie dieses Angebot bei der Kursabfrage. Sobald nun ein anderer Marktteilnehmer seine Optionen zu einem Kurs von 120 € anbietet, sind diese 5 € billiger und der neue beste Preis erscheint als Angebot. Gleichzeitig wird immer als „Ask Volumen“ die Stückzahl angegeben, die zu diesem Kurs angeboten wird. Hohes Angebot, hohe Nachfrage und steter Handel einer Option stellen jederzeit aktuelle Kauf- und Verkaufspreise und garantieren so eine stete Handelbarkeit. Siehe auch unter „Bid“ in diesem Glossar.

Ausüben einer Option

Wenn Sie das Recht auf Aktienbezug bei einem Call oder Aktienverkauf bei einem Put nutzen und umsetzen und Aktien beziehen oder liefern, nennt man dies das „Ausüben einer Option“. Man unterscheidet die europäische Ausübung von der amerikanischen. Eine Option mit der europäischen Ausübung kann nur am Verfallstag ausgeübt werden. Eine Option mit amerikanischer Ausübung kann jederzeit während ihrer Laufzeit ausgeübt werden. Typischerweise werden Optionen aber nicht „ausgeübt“, sondern vor ihrer Fälligkeit „glattgestellt“. Von daher hat diese Unterscheidung in der Praxis kaum Bedeutung. Siehe auch unter „Glattstellen“ in diesem Glossar.

Barausgleich

Bei einem Call oder Put auf eine Aktie kann das entsprechende Recht zum Kauf oder Verkauf des Basiswertes ausgeübt werden. Die physische Handelbarkeit der Aktie ist gegeben. Bei einer „Index-Option“ ist die physische Handelbarkeit dagegen nicht gegeben. Am Ende der Laufzeit einer Index-Option wird daher der Gewinn oder Verlust immer bar ausgeglichen. Siehe auch unter „Ausüben einer Option“ und „Index-Option“ in diesem Glossar.

Basispreis/Strikepreis

Der Basispreis einer Option legt den Preis fest, zu dem der Basiswert bei der Ausübung der Option gekauft oder verkauft werden kann. Siehe auch unter „Basiswert“ in diesem Glossar.

Basiswert/Underlying

Jede Option verbrieft das Recht auf Kauf oder Verkauf einer Aktie oder eines Finanzinstrumentes. Das in der Option bezeichnete Finanzinstrument, für das diese eine Option gilt, ist der Basiswert oder das Underlying, meistens eine Aktie. Siehe auch unter „Underlying“ in diesem Glossar.

Bid

Das englische Wort „bid“ heißt: „bieten“. An der Börse „bietet“ ein potenzieller Käufer einer Option beispielsweise 125 € für den Kauf einer Option. Das aktuell beste Kauf-Angebot eines Traders an der Börse erscheint im „Bid“. Dieses sehen Sie bei einer Kursabfrage oder permanent in Ihrer Handelsmaske. Nehmen wir an, aktuell sind die 125 € der beste Preis, der geboten wird. Sobald nun ein anderer Marktteilnehmer diese Option zu einem Kurs von 130 € kaufen würde, ist dieses Angebot besser und der neue Preis erscheint als Angebot im „Bid“. Gleichzeitig wird als „Bid Volumen“ die Stückzahl angegeben, die zu diesem Kurs nachgefragt wird. Je höher Angebot und Nachfrage sind, umso fairer werden dadurch automatisch die Preise für Optionen. Siehe auch unter „Ask“ in diesem Glossar.

Call

Eine Option, die zum Kauf des Basiswertes (meist eine Aktie) zu einem bestimmten Preis bis zu einem bestimmten Datum berechtigt. Siehe auch unter „Option" in diesem Glossar.

Derivate

Derivate sind Finanzinstrumente, wie beispielsweise Optionen, bei denen es sich um Rechte zum Kauf oder Verkauf des Basiswertes handelt. Der Preis der Derivate wird aus dem Kurs des Underlyings abgeleitet.

DTB

Abkürzung für Deutsche Termin-Börse = Eurex. An der Eurex werden unter anderem Optionen gehandelt. In der Handhabung und Ordererteilung für den Trader ist die Eurex nicht zu unterscheiden von beispielsweise der Börse Frankfurt oder Xetra.

Eurex

Eurex = Deutsche Termin-Börse (siehe auch „DTB"). An der Eurex werden unter anderem Optionen gehandelt. In der Handhabung und Ordererteilung für den Trader ist die Eurex nicht zu unterscheiden von beispielsweise der Börse Frankfurt oder Xetra.

Europäische Ausübung

Siehe unter „Ausüben einer Option" in diesem Glossar.

Gedecktes Stillhaltergeschäft

Ein Stillhaltergeschäft ist gedeckt, wenn der Verkäufer des Calls oder Puts ein entsprechendes Gegengeschäft tätigt und einen Spread aufbaut bzw. wenn er die Aktien bei einem leerverkauften Call in seinem Depot hat. Siehe auch unter „Stillhalter" in diesem Glossar.

Glattstellen

Es gibt unterschiedliche Eröffnungen einer Position im Optionen-Handel:

a) Sie kaufen einen Call oder Put = „normales" Geschäft.

b) Sie verkaufen einen Call oder Put, ohne die Position im Depot zu haben. Sie eröffnen also ein Stillhaltergeschäft.

Wenn Sie die Position schließen, egal ob „normalen" Call oder Put, oder eben auch das Stillhaltergeschäft, spricht man vom „Glattstellen" der Option.

GTC-Order

GTC ist, aus dem Englischen kommend, die Abkürzung für: „good till cancelled" und meint damit eine zeitlich unbefristete Order an der Börse. Sie bleibt so lange am Markt aktiv, bis Sie ausgeführt wurde, oder vom Anleger gelöscht wurde.

Hebelwirkung von Optionen

Beim Kauf von Optionen geben Sie immer nur einen Bruchteil des Geldes aus, den Sie investieren müssten, um Aktien direkt zu kaufen. Gleichwohl kontrollieren Sie eine Zeit lang 100 Aktien pro gekauften Kontrakt Calls oder Puts und profitieren von der Kursentwicklung des Basiswertes. Dadurch können Sie erheblich höhere Gewinne auf das eingesetzte Kapital erzielen und damit einen Multiplikationseffekt erreichen. Das ist die Hebelwirkung von Optionen.

Index-Option

Eine Option, deren Basiswert ein Index ist. Es gibt Optionen auf den Gesamtindex, wie beispielsweise den DAX oder Nasdaq, und auch auf einzelne Branchenindizes. Bei Indexoptionen kommt es immer zum Barausgleich. Siehe auch unter „Barausgleich" in diesem Glossar.

ISIN

Eine 12-stellige Kennzeichnung aus Zahlen und Ziffern, die an deutschen Börsen den meisten Wertpapieren zugeordnet werden und diese eindeutig identifizieren. Die ISIN löste am 22. April 2003 offiziell die Wertpapier-Kennnummer (WKN) ab. **Optionen haben keine Wertpapier-Kennnummer,** sondern werden ebenso eindeutig durch die Beschreibung der Option identifiziert. Siehe auch unter „Wertpapier-Kennnummer" in diesem Glossar.

Kauf-Option

Eine Kauf-Option ist ein Call. Siehe auch unter „Call" in diesem Glossar.

Kontrakt

Calls und Puts werden an den Börsen nicht einzeln gehandelt, sondern in Kontrakten. Die kleinste handelbare Einheit ist 1 Kontrakt. Die Kontraktgröße bestimmt dabei die Anzahl an Optionen, die in dem Kontrakt zusammengefasst sind. Beispielsweise werden Aktienoptionen an der Eurex fast immer zu je 100 zu einem Kontrakt zusammengefasst. Sie bezahlen dann für einen Kontrakt den Optionskurs der Börse mal 100. Bei einem Optionskurs von 1,58 € bezahlen Sie also 158,– € pro Kontrakt. Im Sprachgebrauch vermischen sich die Bezeichnungen Kontrakte sowie Calls und Puts, da ein Kauf von Optionen immer nur per Kontrakt möglich ist. Wenn Sie also hören, dass jemand Call- oder Put-Optionen gekauft hat, hat er immer einen oder mehrere Kontrakte gekauft. Es gibt wenige Ausnahmen an der Eurex, bei denen eine andere Stückzahl als 100 in einem Kontrakt zusammengefasst wird (beispielsweise Index-Optionen auf den DAX mit Kontraktgröße 5).

Wenn im Chancen-Investor ein solcher Kontrakt mit anderer Stückzahl als 100 empfohlen wird, werden wir deutlich darauf hinweisen.

Laufzeit

Optionen beinhalten immer für eine festgelegte Zeit das Recht auf Kauf oder Verkauf des Basiswertes. Diese Zeit ist die Laufzeit der Option.

Leerverkauf

Verkäufe von Wertpapieren, die sich nicht im Besitz des Verkäufers befinden, werden als Leerverkäufe bezeichnet. Der Verkauf von Calls oder Puts, ohne dass diese im eigenen Depotbestand sind, führt zum Stillhalter- oder gedeckten Stillhaltergeschäft. Dieser Verkauf ist ein Leerverkauf.

Limit-Order

Beim Kauf oder Verkauf einer Option geben Sie einen maximalen Kauf- oder Mindest-Verkaufspreis an, zu dem Ihre Order ausgeführt werden kann. Einen ungünstigeren Preis akzeptieren Sie nicht. Bei Optionen sollten Sie die „Limit-Order" immer nutzen.

Margin

Sicherheitsleistung zur Risikoabdeckung beim Eingehen von Optionsgeschäften. Bei Optionen wird sie nur bei einem Short-Call oder -Put erforderlich. Eine Margin wird durch eingezahlte Barmittel auf das Depotkonto oder die Wertpapierbestände im Depot erbracht.

Option

Ein Call oder Put, der es dem Inhaber gestattet, eine bestimmte Zahl von Einheiten des Basiswertes zu einem festgelegten Preis innerhalb eines bestimmten Zeitraums zu kaufen oder zu verkaufen.

Optionsschein

Im Englischen auch „Warrant" genannt. Ein Optionsschein ist ein von Emittenten herausgegebenes Wertpapier, das in seinen Eigenschaften Optionen angepasst ist. Ein wichtiger Unterschied zu Optionen besteht in der Möglichkeit der Kursbeeinflussung des Optionsscheines durch seinen Emittenten. Ein anderer entscheidender Unterschied ist, dass Stillhaltergeschäfte bei Optionsscheinen nicht möglich sind.

Order

Ein Kauf- oder Verkaufsauftrag für eine Option, eine Aktie oder ein anderes Wertpapier.

Prämie

Im Stillhaltergeschäft nennt man den eingenommenen Preis der leerverkauften Option die „Prämie".

Put

Eine Option, die zum Verkauf des Basiswertes (meist eine Aktie) zu einem bestimmten Preis bis zu einem bestimmten Datum berechtigt. Siehe auch unter „Option" in diesem Glossar.

Realisierung

Verkauf oder Glattstellung einer Option zur Sicherstellung von Kursgewinnen, beispielsweise zur Begrenzung von Kursverlusten.

Restlaufzeit

Zeitraum bis zum Verfall einer Option. Jede Option gibt ihrem Käufer das Recht, während der Laufzeit oder an deren Ende einen Basiswert zum festgelegten Preis zu kaufen oder zu beziehen. Die Zeit, für die eine bestimmte Option dieses Recht noch beinhaltet, nennt man Restlaufzeit.

Stillhalter

Ein Investor (der Stillhalter) verkauft Optionen, ohne diese im Bestand zu haben. Er leiht sie sich von seinem Broker. Damit geht der Stillhalter eine festgelegte Zeit hinweg die Verpflichtung ein, den der Option zugrunde liegenden Basiswert zu einem festgelegten Preis zu liefern (verkaufter Call) oder abzunehmen (verkaufter Put). Für dieses Geschäft erhält der Stillhalter den Kaufpreis der Option, die man Prämie nennt.

Stillhaltergeschäft, gedeckt

Ein Stillhaltergeschäft ist gedeckt, wenn der Verkäufer des Calls oder Puts ein entsprechendes Gegengeschäft tätigt und einen Spread aufbaut bzw. wenn er die Aktien bei einem leerverkauften Call in seinem Depot hat.

Stopp-Buy-Order

Wenn Sie einen Kursausbruch einer Aktie erwarten, deren Kurs beispielsweise bei 50 € notiert, und Sie aus der Chartanalyse sehen, dass bei Notierungen über 53 € wohl höhere Kurse zu erwarten sind, können Sie eine Order an der Börse platzieren, die sagt: „Kaufe diesen Wert, sobald er den Kurs von 53 € erreicht hat". Eine solche Order nennt man „Stopp-Buy Order". Bei Optionen empfehle ich diese Order jedoch nicht.

Stop-Loss

Wenn Sie eine Kursgrenze ausgemacht haben, bei der Sie sagen: „Wenn die Aktie tiefer geht als bis zu diesem Punkt, verkaufe ich", platzieren Sie eine Stop-Loss Order, die ausgelöst wird, sobald dieser Kurs erreicht wurde. Bei Optionen empfehle ich diese Order aber nicht.

Straddle
Ein Straddle ist der gleichzeitige Kauf eines Puts und eines Calls auf denselben Basiswert mit denselben Basispreisen.

Strangle
Ein Strangle ist der gleichzeitige Kauf eines Puts und eines Calls auf denselben Basiswert mit unterschiedlichen Basispreisen. Er optimiert im Vergleich zum Straddle das Risiko oder die Gewinnchancen, indem er Risiko oder Chance stärker gewichtet.

Termingeschäftsfähigkeit
Diese Begrifflichkeit ist abgeschafft worden. Es wird nun vom Broker oder der Bank verlangt, den Verbraucher (also Sie) über die besonderen Risiken von Finanztermingeschäften aufzuklären. Mit der Unterzeichnung dieses Formulars erlangen Sie die Berechtigung, Optionen zu handeln.

Underlying
Underlying = Basiswert – Jede Option verbrieft das Recht auf Kauf oder Verkauf eines Finanzinstrumentes, in der Regel eine Aktie. Das der Option zugrunde liegende Underlying (Basiswert) ist meist eine Aktie oder ein Index. Siehe auch unter „Basiswert" in diesem Glossar.

Unlimitierte Order
Eine Order, die ohne einen maximalen Preis beim Kauf oder Mindestpreis beim Verkauf einer Option erteilt wird, ist „ohne Limit" erteilt und wird dann zum bestmöglichen, kurzfristig erreichbaren Kurs ausgeführt. Siehe auch unter „Limit-Order" in diesem Glossar.

Verfall

Eine Option hat immer eine begrenzte Laufzeit, innerhalb deren pro Kontrakt meist 100 Aktien des Basiswertes kontrolliert werden. Nach dem in der Option festgelegten Datum verfällt das Recht, die Aktien zu kontrollieren, d. h. diese zu kaufen oder zu verkaufen. Typischerweise werden Optionen vor ihrem Verfallstermin oder -datum glattgestellt. Jede Option hat einen Verfallsmonat. In Deutschland und in den USA ist der Verfallstag immer der 3. Freitag im genannten Verfallsmonat.

Bei einigen Index-Optionen, wie beispielsweise den „Dax-Optionen", sind auch wöchentlich Freitag verfallende Optionstermine handelbar.

Verkaufs-Option

Eine Verkaufs-Option ist ein Put. Siehe auch unter „Put" in diesem Glossar.

Warrant

Eine aus dem Englischen kommende Bezeichnung für Optionsschein. Siehe auch unter „Optionsschein" in diesem Glossar.

Wertpapier-Kennnummer

Eine 6-stellige Kennzeichnung aus Zahlen und Ziffern, die an deutschen Börsen den meisten Wertpapieren zugeordnet werden und diese eindeutig identifizieren.

Die Wertpapier-Kennnummer (WKN) wurde am 22. April 2003 offiziell durch die 12-stellige ISIN (International Securities Identification Number) abgelöst. Aus praktischen Gründen wird die WKN aber weiter verwendet. Optionen haben keine WKN, sondern werden durch deren Beschreibung ebenso eindeutig identifiziert. Siehe auch unter „ISIN" in diesem Glossar.

Zertifikat
Unter einem Zertifikat versteht man einen Anteilschein an einem Investment-Fonds.

Schlussbemerkungen

Ich handele alles und zu jedem Zeitpunkt! Ob DAX, Dow Jones, Gold, Öl, Aktien, Euro, Yen oder seltenst auch Schweinebäuche, Zucker und Kaffee. Alles ist möglich, jederzeit! Das ist ein großer Vorteil von meinem einzigartigen Empfehlungsbrief Chancen-Investor. Ich nutze Chancen, egal wo und egal wann und egal mit was! Und Sie nutzen sie ab sofort auch!

Durch die ausgetüftelten Strategien im Fallschirm-Bereich können Sie verdienen, ohne dass das zugrunde liegende Wertpapier oder der Index in die Richtung marschiert, die Sie geplant hatten. Diese einzigartige Sicherheit, gepaart mit hohen Profiten, macht den Chancen-Investor zum „Krisen-Investor" und „Schönwetter-Investor" gleichzeitig!

Sie werden vielleicht Fragen haben und das ein oder andere zunächst für zu kompliziert erachten. Aber keine Angst: Ich begleite Sie, ich bin immer für Sie da!

Mir geht es ganz stark um folgende Aspekte:

- Transparenz
- Nachvollziehbarkeit
- Überprüfung
- Diszplin
- Ruhe
- Betreuung
- Ehrlichkeit
- Dauerhafter Erfolg

An der Börse gibt es nur eine einzige Erfolgsformel, die seit Bestehen des Handels jahrhundertelang gültig ist:

Qualitätsanalyse + Ruhe + Disziplin + Geduld = finanzieller Erfolg

Ich freue mich, Sie an Bord zu haben, und stehe Ihnen bei Fragen unter **redaktion@chancen-investor.de** zur Seite.

Herzlichst,

Ihr Michael Sturm

Analyst und Chefredakteur „Chancen-Investor"

Über den Autor

Michael Sturm – über mich

Im Folgenden möchte ich Ihnen kurz erläutern, warum ich der Analyst und Redakteur bin, den Sie suchen, bzw. warum Sie sicher sein können, dass Sie mit mir und diesem Börsenbrief Geld verdienen werden.

Michael Sturm, Analyst und Chefredakteur

Schon früh in meinem Leben habe ich den Kontakt zur Börse erfahren. Als 17-jähriger Aushilfs-Student in den Sommerferien bei der Bayer AG (das Surfbrett musste ja bezahlt werden) saß ich während der Nachtschicht im Aufenthaltsraum und wunderte mich und schüttelte den Kopf über einen Mittzwanziger-BWL-Studenten, welcher sich intensiv, pausenlos und unentwegt mit einer Zeitung befasste, in der nur Zahlen standen – dem Handelsblatt.

Meine Neugier befriedigte ich nach 2 Nächten Beobachtung durch ein Gespräch. Er erklärte mir daraufhin Nacht für Nacht Stück für Stück das Segment Wertpapiere. Ich war begeistert und von da an waren in mir das Feuer und die Leidenschaft für die Börse entfacht.

Ich abonnierte daraufhin selbst das Handelsblatt, und es wurmte mich, wenn es dort Zahlen gab, die mir zunächst unerklärbar waren. So habe ich diese wieder und wieder studiert und war erst zufrieden, wenn ich die Lösung dafür gefunden hatte. Es handelte sich um damals noch weitgehend unbekannte und seltene derivative Produkte: die Optionen an der DTB und Rohstoffoptionen. Dafür musste es doch auch ein umfangreicheres und besseres Medium geben.

Ich wurde fündig und abonnierte den Optionsscheinreport. Endlich war ich im „Garten Eden“ der derivativen Produkte.

Fortan gelang es mir, mein Studium mit meinen „kleinen" Optionsgeschäften zu finanzieren.

Nach erfolgreichem Abschluss des Studiums stand ich vor der Wahl, einen Job in der analytischen Chemie anzunehmen oder nach etwas zu suchen, was meinem unbändigen Interesse an Börse und Wirtschaft entsprach. Im damals noch jungen Internet suchte eine Finanzinformationszeitung einen Autor für die Zusammenfassung des täglichen Börsengeschehens. Ich bewarb mich mit 3 Schriftproben und erhielt die Zusage, das Ressort Börse und Wirtschaft als Redakteur zu übernehmen. Ich nahm trotz ungewisser finanzieller Zukunft an. Der Bauch hat entschieden.

Ich habe 3-mal täglich, vor, während und nach Börsenschluss, das Geschehen zusammengefasst. Die sehr positive Resonanz der Leser auf die Texte veranlasste die Zeitung zu dem Schritt, einen eigenen Newsletter durch mich aufzubauen. Diesen ergänzte ich dann durch 2 Musterdepots, ein konservatives und ein derivatives, in die ich realistische nachvollziehbare Tradings, welche an die Kunden sofort per Mail gesendet wurden, einbaute. Transparent sollte es sein!

Die positive Resonanz übertraf unsere Erwartungen deutlich, und dem Dienst gelang es nach kurzer Zeit, etwa 3.500 registrierte Kunden zu zählen. Bei dem vom damaligen Finanzradar durchgeführten allmonatlichen Ranking aller Finanzseiten im Internet überholten wir sämtliche Bankenseiten und Börseninformationsdienste und landeten schließlich auf Platz 1 aller Websites.

Die außergewöhnlich vielen positiven Leserbriefe und Anfragen ließen mich dann versuchen, als Kommissionär für Wertpapiere einen eigenen Kundenstamm aufzubauen, mit konkreten Empfehlungen und Erfolgshonorar. Ich absolvierte an der Frankfurter Börse die Ausbildung zum Eurex-Händler und hatte damit die Grundlage für komplizierte Profi-Derivatestrategien geschaffen. Es gelang mir, einen Kundenstamm von über 300 Kunden aufzubauen und erfolgreich zu halten.

Als dann zu Beginn des Jahres 2000 der „Neue Markt" zu seinem Höhenflug ansetzte, habe ich mich aus dem Börsengeschäft zurückgezogen. Unternehmen, die Glaspaläste und Oberklasseflotten besaßen, aber negative Bilanzen auswiesen, ließen mich nur den Kopf schütteln. Als dann noch ein Nachbar an der Theke fragte: „Ey, hast du auch EM.TV?", war für mich endgültig Schluss. Im Endeffekt die richtige Entscheidung.

Ich habe mein Kapital dann erfolgreich in Unternehmen investiert, die auf alternative Energien setzen. Aber ich habe auch erkannt, dass ich im Herzen kein Unternehmer bin, und wollte „back to the roots!"

Meine Berufung ist das Analysieren, meine Leidenschaft das Schreiben und mein Erfolg der begeisterte Kunde.

Heute gebe ich erfolgreich den „Chancen-Investor" und den „5-Minuten-Trader" heraus – zwei Börsenbriefe, in denen meine Überzeugung zum Tragen kommt, dass man immer, in jedem Marktumfeld, gutes Geld verdienen kann, wenn man Disziplin und Geduld mit Erfahrung mischt. Und genau das möchte ich Ihnen vermitteln, damit auch Sie in 10 Jahren sagen können: „Ja, ich habe an der Börse viel Geld verdient und kann jetzt finanziell sorgenfrei leben!"

Weitere Informationen rund um den „Chancen-Investor“

Auf der Webseite **www.profi-strategien.de** finden Sie im geschützten Leserbereich weitere interessante Fragen und Antworten rund um den Chancen-Investor.

Außerdem stehen Ihnen im **Leserbereich** das komplette Ausgabenarchiv, das historische Portfolio und viele weitere Informationen zur Verfügung. Loggen Sie sich dafür einfach mit Ihrem **Benutzernamen** (Ihrer Kundennummer) und Ihrem **Passwort** (Ihre Postleitzahl) ein.

Über den Verlag

Mit mehr als 25 Jahren Erfahrung in unabhängiger und konkreter Anlageberatung sind wir bestens gerüstet, Ihr Vermögen zu beflügeln. Seit 1987 schätzen unsere Kunden die qualitativ hochwertigen und unabhängigen Informationen unserer namhaften Experten, die in unserem Fachverlag ein Netzwerk aus über 50 Analysten und Redakteuren bilden – dies unter dem Dach der renommierten Verlag für die Deutsche Wirtschaft AG.

Die Beratungskompetenz unserer Fachleute geht durch alle Finanzbereiche – von festverzinslichen Wertpapieren über Aktien und Hebelprodukte bis hin zu Immobilien. Auch steuerliche und rechtliche Aspekte sowie wirtschaftspolitische Themen beleuchten wir regelmäßig und tiefgründig – mit Hinweisen auf deren Bedeutung für das Vermögen unserer Leser.

Wohlstand aufbauen und sichern

Es geht uns schon immer darum, das Vermögen unserer Kunden zu vermehren und zu sichern – flexibel und auf verschiedenste persönliche Bedürfnisse ausgerichtet.

Dabei sind wir nur unseren Kunden verpflichtet und absolut unabhängig von Banken und anderen Finanzunternehmen. Wir haben keine eigenen Finanzprodukte – anders als Banken, die z. B. ihre eigenen Fonds verkaufen wollen. Auch sind wir nicht abhängig von Werbegeldern und verdienen keine Provisionen, wenn wir bestimmte Instrumente empfehlen.

Unsere geldwerten Informationen, wie Börsenbriefe, Traderdienste und Finanznachrichten, publizieren wir sowohl in gedruckten Medien als auch in elektronischer Form im Internet und über E-Mail-Newsletter. Dabei unterliegen sämtliche Dienste strengen Qualitätskontrollen und einer unabhängigen Prüfung durch eine Wirtschaftsprüfungsgesellschaft. Unabhängigkeit und Kompetenz führen dazu, dass unsere Kunden mit den von uns empfohlenen Kapitalanlagen den jeweiligen Vergleichsindex deutlich schlagen – anders, als das bei den meisten Anlageinstituten und Fonds der Fall ist.

Entdecken Sie unsere neuesten Innovationen, wie z. B.

GeVestor TV: Börsen-Know-how multimedial

und besuchen Sie uns auf

www.GeVestor.de

Mit GeVestor erstklassig beraten in die Zukunft!

Haftungsausschluss: Die Informationen basieren auf Quellen, die wir für zuverlässig halten. Die Angaben erfolgen nach sorgfältiger Prüfung, jedoch ohne Gewähr. Für Druckfehler wird nicht gehaftet. Der Nutzer ist für die angemessene Platzierung von Kauf- und Verkaufsaufträgen allein verantwortlich. Wir machen Sie vorsorglich darauf aufmerksam, dass die in der Publikation „Chancen-Investor" enthaltenen Finanzanalysen und Empfehlungen zu einzelnen Finanzinstrumenten eine individuelle Anlageberatung durch Ihren Anlageberater oder Vermögensberater nicht ersetzen können. Unsere Analysen und Empfehlungen richten sich an alle Abonnenten und Leser unseres Börsenbriefes, die in ihrem Anlageverhalten und ihren Anlagezielen sehr unterschiedlich sind. Daher berücksichtigen die Analysen und Empfehlungen dieses Börsenbriefes in keiner Weise Ihre persönliche Anlagesituation. Sämtliche Empfehlungen des Börsenbriefes „Chancen-Investor" stellen keine Aufforderung zum Kauf bzw. Verkauf von Wertpapieren oder eine sonstige Beratungsleistung dar. Insbesondere kommt auch kein Beratungsvertrag zwischen dem Herausgeber und dem Leser zustande. Eine Haftung ist somit ausgeschlossen.

Risikohinweis: Gute Ergebnisse in der Vergangenheit garantieren keine positiven Resultate in der Zukunft. Aktienanlagen sowie Hebel- und Terminmarktinstrumente (Optionsscheine, Optionen, Hebelzertifikate, Futures, Mini-Futures, CFDs) bieten höhere Chancen auf Gewinne, aber zugleich die Gefahr extrem hoher Verluste, bis hin zum Totalverlust. Daher wird ausdrücklich davon abgeraten, Anlagemittel nur auf wenige Empfehlungen zu konzentrieren. Der Anteil einzelner Werte sollte – je nach Risikoeinschätzung – bis maximal 10% der für Tradinganlagen überhaupt vorgesehenen Mittel betragen. Mehr als 15 bis 25% Ihres auf aktienorientierte Anlagen ausgerichteten Depotanteils sollten Sie auf keinen Fall insgesamt unter kurzfristigeren, weniger als 6 Monate umfassenden, Tradinggesichtspunkten anlegen.